4,-

rororo aktuell Essay

Herausgegeben von
Rüdiger Dammann und Frank Strickstrock

Begründet von Freimut Duve

JOHANNES BECK

Der Bildungswahn

rororo

Rowohlt

Originalausgabe
Veröffentlicht im Rowohlt Taschenbuch Verlag GmbH,
Reinbek bei Hamburg, Juli 1994

Umschlaggestaltung Büro Hamburg – Jürgen Kaffer/
Peter Wippermann (Foto: B. Kusber/H. Möckel)
Satz Baskerville (Linotronic 500)
Gesamtherstellung Clausen & Bosse, Leck
Printed in Germany
1400-ISBN 3 499 13421 7

Inhalt

Nicht Notstand, sondern Wahn

Ich fürchte, unsere allzu sorgfältige
Erziehung liefert uns Zwergobst.

(G. C. Lichtenberg)

Die pädagogische Aufbruchstimmung der sechziger und siebziger Jahre war nur von kurzer Dauer. Damals, als Ralf Dahrendorf ein Bürgerrecht auf Bildung forderte, Georg Picht eine Bildungskatastrophe vorhersah, Willy Brandt die Schule zur Schule der Nation erklärte und studentenbewegte Reformversuche die Bildungslandschaften belebten, war «Bildung» zum Hoffnungsträger in ihren Istitutionen geworden. Doch bereits 1972 hielt beispielsweise Hildegard Hamm-Brücher die Bildungsreform für gescheitert. Von «Bildung» war in der Folge auch kaum noch die Rede, allenfalls von «Qualifikation». Die Bildungspolitik kehrte zu ihrer eingeübten Verwaltungsroutine zurück und sicherte fortan nicht einmal ihre Bestände. Weil sie die kleinen Fehler vermeiden wollte, machte sie die großen. Die Bildungseinrichtungen verkamen abermals zu Sortieranlagen und Lernfabriken. Die gültigen «Lernziele» darin hießen und heißen: Anpassen sowie irgendwie zurecht- und durchkommen.

Die Beantwortung der wichtigsten Frage aber wurde schlichtweg verpaßt: Können und sollen die nachwachsenden Generationen in einer Welt leben, die immer mehr zur fertigprogrammierten Welt wird, in der Spielräume und Gestaltungsräume für Kinder und Jugendliche so selten werden wie Biotope? Geht es wirklich nicht um mehr als um «Bildung zur Sicherung eines Wirtschaftsstandortes»?

Erst heute, da die Resultate solcher Versäumnisse offenkundig geworden sind – Gleichgültigkeit, Orientierungs- und Motivationsverluste, Konkurrenz- und Deklassierungsängste, Gewalttätigkeit und Autoritarismus –, ist wieder von einem «Bildungsnotstand» die Rede. Dieser Begriff aber führt in die Irre, sofern er die Aufmerksamkeit lediglich auf die anachronistisch gewordenen «Lernvollzugsanstalten», auf die Hoch- und Tiefschulen richtet oder ihnen gar die Verantwortung zuschiebt. An Schulen und Universitäten – so scheint es – hat es sich aus-gebildet. Diese Einrichtungen sind Teil des Phänomens, nicht dessen Ursache. Der Name des Phänomens lautet nicht «Bildungsnotstand», sondern *Bildungswahn:* die total und totalitär gewordene Pädagogisierung sämtlicher Lebensverhältnisse. Die Erziehungs- und Bildungsinstitutionen spielen in diesem pädagogischen Drama nur noch eine Nebenrolle mit abnehmender Bedeutung. Viel wichtiger ist, was in dem heimlichen Lehrplan der Zivilisation und ihrer Ökonomie an «lehrreichen» Tatbeständen und Widersprüchen eingezeichnet ist und auf die Menschen wirkt.

Die aufklärerische Hoffnung auf Freiheit, die mit der Bildung des werdenden Subjekts einst verbunden war, ist damit viel radikaler in Frage gestellt, als jede Kulturkritik dies je getan hätte; und zwar nicht durch irgendein totalitäres Regime, sondern durch die selbstgeschaffenen Dinge und Zwänge, also die wirklichen Verhältnisse. Die gemachten Dinge mit ihren Sachzwängen wären also zu den wichtigsten Lehrern der Gegenwart geworden. In ihnen sind die persönlichen Lehrer verdinglicht verschwunden. In solchem Fortschritt sind die professionellen Pädagogen mit ihren antiquierten Lernzielkatalogen ganz einfach sitzengeblieben, genauso wie die pädagogisierenden Politiker, die hilflose und unglaubliche Reaktionen «als ihre Politik glaubwürdig darstellen» wollen.

Die allgemeine Verunsicherung in einer riskanten, unübersichtlichen, waren- und erlebnisversprechenden Undsoweitergesellschaft ist in all ihren Etagen eine Bedingung des pädagogischen Furors. Sie macht aus Bürgern Dauerlehrlinge, die keine eigenwillige Identität mehr ausbilden können und deren Meister in Gestalt gemachter Dinge eine eigentümliche pädagogische Sprache sprechen. Diese Sprache hat eine Bildungsmacht entfaltet, die die Erfahrungsfähigkeit der Menschen verkümmern läßt. Expertokratie, die allgemeine Automobilmachung, die Sitzübungen vor den Bildschirmen – um nur einige Phänomene zu nennen, denen ich mich auf den nächsten Seiten zuwenden werde – haben Erfahrung, in ihrem ursprünglichen Sinne von «Durchwanderung», nahezu überflüssig und unmöglich gemacht.

Insofern sind meine pädagogischen Streifzüge durch die schöne neue Belehrungsgesellschaft eine Streitschrift wider den Wahn der Bildung, um ihrer Verwirklichung willen.

Wider den pädagogischen Expertenkult

Es genügt nicht, nur vor der eigenen Türe zu kehren. Man muß auch unfähig werden, zu fragen, wo der Dreck denn herkommt.

(nicht von K. Kraus)

Zu Beginn der achtziger Jahre entdeckten alphabetisierte Erziehungsexperten in deutschen Landen eine neue Menschensorte. Es handelte sich um einige Millionen Mitbürger, deren «Defizit» darin bestehen sollte, daß sie es geschafft haben, ohne lesen und schreiben zu können, überhaupt zu existieren. Sie hatten diese «kulturrelevanten Qualifikationen» trotz oder wegen jahrelanger Beschulung nicht erworben. Die Entdecker veranlaßte diese Tatsache nicht zu einer Kritik der erfolglosen Schule oder zur Frage nach den besonderen Fähigkeiten dieser Menschen, sondern zum Entwurf schulähnlicher Alphabetisierungsprogramme zur Behebung eines Mangels, der durch Schule mitproduziert worden war. Wieder einmal sollte ein Teufel mit sich selbst ausgetrieben werden. Auch wurden «Motivations- und Erfassungsstrategien für die neue Zielgruppe» entworfen, der auf diese Weise geholfen werden sollte.

Die Entdeckung der «funktionalen Analphabeten», wie man diese Menschen jetzt nannte, weil sie immerhin Verkehrszeichen erkennen und Dokumente unterschreiben konnten, ereignete sich in jenen Jahren, als die Arbeitslosigkeit westdeutscher Pädagogen einen ersten Höhepunkt erreicht hatte. Dadurch sah sich auch die Hochschulpädagogik gezwungen, neue Zielgruppen, Aufgabenfelder und Forschungsgebiete zu definieren, für deren Bearbeitung sie unverzichtbar sein konnte. Mit Weiterbildung, Freizeitkulturpädagogik, Beratungslehre und eben auch mit «pädagogischer Zielgruppenintervention» gegenüber Problemgruppen und Abweichlern (wie Drogenabhängigen, Fußballfans, Straftätern, Schulverweigerern, Jugendarbeitslosen, Analphabeten usw.) wurden neue Zuständigkeiten besetzt.

Als Heiner Boehncke und ich 1981 in einem Wochenmagazin und in unserem «Jahrbuch für Lehrer» (Reinbek) auf diesen Zusammenhang aufmerksam machten, brach eine professionelle Pädagogenwut über uns herein. Zugegeben, unser harmloses Textchen «Analphabeten unter uns!» sollte auch an einem Nerv der betroffenen Pädagogen kratzen. Betroffenheit war damals ein Schlüsselwort für alle, die sich betroffen fühlten und andere betroffen machen wollten. Uns wurde also Zynismus gegenüber den armen Betroffenen, auch den arbeitslosen Lehrern vorgeworfen, weil wir ja selbst über Pädagogik schreibend und lesend Geld verdienen würden. Immerhin hatten die Wütenden wenigstens diesen Zusammenhang heimlich kapiert, den sie bei sich so heftig leugneten. In der menschenfreundlichen Pädagogenrede, nach der man die Menschen in ihrem wohlverstandenen Interesse professionell und lebenslänglich zu erziehen habe, sind eben eigene Zunftinteressen enthalten, die sprachlos bleiben. Wer sie ausplaudert – weil Selbstreflexion der Wahrheitsfindung dienlich ist –, muß mit einer zünftigen Tracht Prügel in kollegialer Absicht rechnen.

Unsere Einwände gegen die entmündigende Fürsorge institutionalisierter Erziehung, Aussonderung und Stigmatisierung bezogen die wütenden Pädagogikexperten auf sich. Ihnen war die kritische Distanz zum eigenen Tun offenbar fremd geworden. Auf dem Marsch durch die Institutionen sind viele Marschierer in diesen seßhaft geworden. Andere würden das gerne nachmachen.

Unser Vorschlag, von den schrift-, aber keineswegs sprachlosen Mitbürgern zunächst einmal Nachhilfe in den Fächern Aufmerksamkeit, Mündlichkeit, Gedächtnis und Mit-Alphabeten-leben zu erbitten, blieb unerhört. Jetzt wollten wir die Ärmsten auch noch ausbeuten, hieß es in einer Reaktion. Dabei waren wir nur davon überzeugt, daß wir zunächst von ihnen zu lernen hätten, mit und unter welchen Voraussetzungen sie sich die erwünschten Fähigkeiten am besten aneignen können. Diese banale Einsicht hatten wir aus eigener Erfahrung und dem Studium der Reformpädagogen von Pestalozzi bis Paulo Freire gewonnen. Auf dieser Basis durchgeführte Sprachseminare mit «betroffenen Immigranten» haben gezeigt, daß die Schreib- und Lesekunst in drei Monaten über das Niveau der Bildzeitung hinaus erlernt werden kann. Der letzte Hinweis ist insofern nicht polemisch, weil die Lektüre dieses Meisterwerkes eines unwiderlegbaren Journalismus der selbstgewählte Prüfstein einiger Teilnehmer war. Ihr neugewonnener Sprachschatz hinderte sie aber nicht daran, auch weiterhin das Privileg des Analphabeten gegenüber der Ausländerpolizei und anderen Formularinstanzen in bestem Touristendeutsch auszuspielen: «Ich nix verstehn, nix schreiben-lesen-deutsch!»

Und weil ich gerade beim Selbstzitat bin: Wir haben es sogar in einem Universitätsseminar geschafft, einigen Studierenden – auf eigenen Wunsch – das unprofessionelle Lesen schmackhaft zu machen. Sie hatten in dreizehnjähriger Beschulung immerhin gelernt, daß das Alphabet aus etwa 25 Zeichen besteht. Diese können mit sich selbst potenziert werden, was eine schier unendliche Reihe von Kombinationsmöglichkeiten ergibt, in der alle erdachten und denkbaren Wörter, Reime, Romane und Gebrauchsanweisungen strukturell enthalten sein müssen. Diese Kompaktbibliothek von Babylonhausen blieb selbstverständlich unvollendet. Borges hätte seinen Spaß daran gehabt. Man hatte ihnen beigebracht, daß es nicht nötig sei, etwas zu wissen, entscheidend sei zu wissen, wo das Wissen zu finden ist. Was soll man aber machen, wenn man weder weiß, was es zu finden geben könnte, noch was man wissen wollen sollte, obwohl klar ist, wo es zu finden sein würde? In dieser verfahrenen Lage buchstabierten wir ein Semester lang das «Lob der Torheit» des heiligen Sankt Erasmus, bis der Klang der Laute zu Wörtern wurde, die auf der Zunge zergingen, bevor sie in ihrer Gedankenkomposition verschlungen werden konnten. Einige zehren – wie ich – heute noch von dieser abendlichen Spätlese.

Die Folgerungen aus der Alphabetisierungsgeschichte beziehe ich in den nächsten Absätzen auf die Gegenwart. Sie können als Zusammenfassung einiger meiner kritischen Thesen an die Pädagogenadresse gelesen werden.

Wir plädierten damals für eine Selbstbegrenzung der pädagogischen Experten. Sie könnte aus der Kritik und Scham angesichts der Ergebnisse entmündigender Herrschaft erwachsen und begründet werden. Vielleicht könnten auch die Pädagogen dann aufhören, in blindem Bildungswahn ständig neue «Ziel- und Problemgruppen» auszusondern und ihnen «Defizite» zuzuschreiben, für deren fürsorgerische «Entsorgung» sie sich zuständig erklären. Vielleicht könnten sie aufhören, diese Defizite, die sich ja nur aus ihrem normierten

Menschenbild ableiten lassen, die sie also selbst mitproduziert haben, zur Grundlage pädagogischen Handelns zu machen. Statt dessen könnten endlich die eigensinnigen und vielfältigen Fähigkeiten oder Möglichkeiten der Menschen die Basis ihrer gemeinen Bildung sein.

Der dabei mögliche Dialog mit den einsam gemachten Generationen erscheint mir so wichtig wie noch nie. Er wäre das Gegenteil des lieblosen Befriedigungsmanagements in den Sozialstationen des Auf- und Ablebens. Wenn gegenwärtig die überflüssig gemachten Alten und die gewalttätig gemachten Jungen ins Visier pädagogischer Zielgruppenbehandlung gebracht werden, wird die soziale Eiszeit weiter ausgedehnt. Helfen könnte nur Wärme. Andernfalls schützt vor dem Kältetod nur Bewegung, die aber auch das politische Klima aufheizen kann, was die gegenwärtige Hitzewelle von rechts hinten beweist. Daran wird auch der pädagogische Furor der neuesten Werteerzieher leider nichts ändern, wenn sie gleichzeitig eine asoziale Marktwirtschaft begünstigen oder betreiben, die genau die Werte, zu denen sie erziehen wollen, immer weiter zerstören wird und die all die «Problemgruppen» produziert hat, denen jetzt pädagogische Tugendlehre verordnet werden soll. An den Tugenden, die gefordert werden, erkennt man die schlecht geleiteten Länder, meinte einst Bertolt Brecht.

Vor diesem Hintergrund hoffe ich, in diesem Text keine Vorschläge zu machen, die zur weiteren Pädagogisierung und Vereisung der Gesellschaft taugen könnten. Es geht mir um das Gegenteil. Ich möchte nicht einmal aus den Arsenalen der Reform- und Alternativpädagogik «Munition an die schulpädagogische Front» liefern. Sie könnte dort lernzielorientiert abgeschossen werden und die Trefferquote der Zensuren erhöhen. Ich fühle mich mit dieser Weigerung den Menschen verbunden, die trotz der institutionellen Behinderungen an unwirtlichen Orten versuchen, mit Kindern, Jugendlichen, Studierenden ernsthaft zusammenzuleben, kompetent zu arbeiten und nicht zu resignieren. Sie haben sich das notwendige pädagogische Werkzeug meist kooperativ in der Praxis angeeignet.

Um den Zusammenhang, in dem sich meine Kritik bewegt, zu verdeutlichen, erinnere ich an einige Aspekte in der Diskussion über Fortschrittsmythen, Kontraproduktivität, entmündigende Expertenherrschaft und Selbstbegrenzung. Diese Diskussion wurde insbesondere durch die Schriften Ivan Illichs angeregt und in den siebziger Jahren von einer breiten, kritischen Öffentlichkeit aufgenommen. Ihr Gegenstand ist keineswegs erledigt. Er hat weltweit größte «Sprengkraft» erreicht.

Damals ist deutlich geworden, daß wichtige und ganz gewöhnliche Fähigkeiten der Menschen, für sich selbst zu sorgen, von diplomierten Dienstleistungsexperten okkupiert oder ihnen übertragen worden sind. Ärzte, Juristen und Pädagogen beispielsweise haben sich arbeitsteilig die Definitionsmacht in ihren beruflichen Fürsorgebereichen verschafft. Sie haben damit zur versorgten Entmachtung der Menschen beigetragen. Die Gesundheitsexperten bestimmen nun, ob ich gesund bin oder nicht. Selbst wenn ich mir ganz offensichtlich ein Bein gebrochen habe, muß ich mir durch einen von ihnen bescheinigen lassen, daß ich vor lauter Krankheit nicht zum Arbeitgeber laufen kann – schon der Versicherung wegen. Die Expertenzünfte aller Dienstleistungsbranchen und ihre Zulieferer haben ein massives Existenzinteresse an den von ihnen behaupteten oder definierten Übeln, die zu beseitigen sie versprechen.

Das ist drastisch formuliert; und damit soll keineswegs eine sinnvolle ärztliche, therapeutische, rechtliche oder pädagogische Hilfe diffamiert werden.

Die Frage ist natürlich, was sinnvoll ist. Es ist nämlich festzustellen, daß die Expertenhilfe, wenn sie ein bestimmtes Quantum übersteigt, kontraproduktiv wird. Den hilfsbedürftig Gemachten geht es dann nicht besser, sie werden nur abhängiger von den Hilfeexperten – und kranker, dümmer, rechtloser, unsicherer. Der Gewinn verlagert sich auf die Expertenzunft, und daran ist sie auch interessiert. Das beweisen alle Versuche, ihre Privilegien einzugrenzen. Diese bestehen vor allem in ihrer lizensierten Definitionsmacht über Gesundheit, Recht, Bildung, Sicherheit und so weiter, sowie deren standespolitischer Absicherung. Von den Standespolitikern wird die hier angedeutete Kritik auch am heftigsten zurückgewiesen mit der tautologischen Erklärung, es ginge ihnen wirklich um Gesundheit, Recht, Bildung, Sicherheit. Das mag im Einzelfall auch so sein, wenn sich die Beteiligten darüber einigen könnten, was sie unter diesen Wörtern verstehen wollen. Es stimmt aber nicht mehr im Gesundheits-, Bildungs-, Rechts- und Sicherheitssystem. Dort haben sich die Experten untereinander darauf geeinigt, was sie unter diesen Wörtern verstehen wollen, wonach sich also die Adressaten, Klienten, Patienten, Mandanten zu richten haben, und das ist oberhalb der kritischen Schwelle nicht mehr zu ihrem Besten.

Oder glaubt jemand wirklich, daß unter den ärztereichen Ländern das Volk am gesündesten lebt, das die meisten Sprechstunden, Pharmaka und Gerätebehandlungen konsumiert, das also auch die längste Zeit für das Gesundheitssystem arbeiten muß? Welches Interesse könnten die Mediziner am Ausbruch der allgemeinen Gesundheit haben?

Oder glaubt jemand, daß sich die Menschen dort am besten vertragen, wo es die meisten Verträge und Gerichtsverhandlungen gibt? Was wären die Juristen ohne Streit und unverständliche Gesetze, die ihre Zunft selbst formuliert? (Ich kenne einen freundlichen Rechtsanwalt, der mußte seine Praxis aufgeben, weil er immer versuchte, die Streitparteien zur einigenden Versöhnung zu bewegen. Er bekam nicht nur Ärger mit der Anwaltskammer, er ging einfach bankrott und dann in die Gastronomie.)

Meint jemand tatsächlich, daß die Menschen in der Region am klügsten und am höchsten gebildet sind, wo der Nachwuchs die meisten Schulstunden und Prüfungen absolvieren mußte? Ist die Schule die beste, in der die meisten durchfallen? Was täten die Lehrer beim Ausbruch der allgemeinen Bildung? Auch sie haben ein Interesse an dem, was sie Dummheit, Behinderung, Bildungsdefizit oder Förderbedarf nennen. Für deren Beseitigung glauben die Gutwilligen bezahlt zu werden. Daß sie vor allem zur hierarchischen Verteilung der knapp gemachten «Bildungsgüter» im Zeugnisformat in Stellung sind, wollen viele aus guten Gewissensgründen nicht wissen. In das Bildungssystem und seine Protagonisten scheint dieses Wissen allerdings konstitutionell eingebaut zu sein. Das beweisen alle Versuche, die Berechtigung des Berechtigungswesens sogar wissenschaftlich anzukratzen. Selbst die praktisch-demokratische Kritik der Eltern, die für ihre Kinder nur das Beste wollen und sie massenweise der Reifeprüfung zuführen lassen, wird von den Oberbildungsexperten als Sabotage am Wert des heiligen Abiturs erlitten. Wie schlimm muß es um ein Volk bestellt sein, dessen Nachwuchs zur Hälfte als reif, also insgesamt immerhin halbreif geprüft worden ist?

Der große Wert eines Bildungssystems verhält sich also umgekehrt proportional zur kleinen Zahl derer, die es erfolgreich durchsitzen. Diese Zahl soll wieder kleiner werden, nach der Devise: Elitebildung für wenige, Werte für die anderen – Dummheit für alle?

Der Versuch wird wahrscheinlich scheitern. Die Experten reparieren ein auslaufendes Modell. Doch der Mythos der Würde, der die Prüfungsriten noch umgibt, scheint weiterzuwirken – obwohl die Teilnehmer an den Prüfungen den Vorgang meist als lächerlich und würdelos beschreiben. Also bleiben wir noch einige Zeilen lang bei dem Thema:

Ein Mensch, der sich um einen «qualifizierten» Job bemüht, muß nicht zeigen, daß ihm die notwendigen Fähigkeiten zu eigen sind. Er muß nachweisen, daß er die geforderten «Eingangsvoraussetzungen» erfüllt. Die bestehen aus Bescheinigungen, die ihm berechtigte Lehrer oder Institutionen ausgestellt haben, wenn er an ihren Schulungen und Initiationsriten teilgenommen hat. Prüfungszeugnisse sagen, ob jemand reif, mittelreif, berufsreif oder unreif ist, was er darf und angeblich kann. Alle müssen sich dieser pädagogischen Klassifizierung unterwerfen. Was sie außerhalb der Schule lernten – also das meiste –, gilt nicht. Es kann nur gültig gemacht werden, indem es als Qualifikation oder Zusatzqualifikation bescheinigt wird.

Der schulische Bildungswahn und -mythos besteht auch in dem Aberglauben, daß die Anhäufung abgeleisteter Schulstunden und Abschlußzeugnisse mehr über die Bildung eines Menschen aussagen könnte als die Anzahl der Arztbesuche über seine Gesundheit. Aber: Wer will das denn hören? Das ist doch alles wohlbekannt. Es bedürfte auch keiner Erwähnung mehr, wenn sich die kritisierten Erscheinungen nicht noch weiter zugespitzt hätten und wenn die wiederholt vorgetragenen Erkenntnisse in der bildungspolitischen Diskussion nicht so radikal ignoriert würden. Es sind die publizistischen

Moden, manche nennen sie Diskurse, die vorgeben, worüber (nicht) geredet werden darf.

Der Berechtigungswert der Schulabschlüsse ist in den letzten Jahren aufgrund der desolaten Arbeitsmarktlage und der Vervielfachung von Reife- und Hochschulzeugnissen ständig gefallen, nicht aber der Glaube an das Belehrungs- und Prüfungsritual. Seine Rekonstruktion durch Elitebildungsgänge wird betrieben. Außerdem hat es sich unter dem Dach von Zukunftsängsten, «lebenslangen Lernprozessen» und «verantwortungsbewußter Selbstkontrolle» auf den ganzen Lebenslauf ausgedehnt. Über den Bildungs- und Arbeitsmarkt, aber auch das Gesundheits- und Versicherungswesen werden neue Prüfungsrituale in vielen Bereichen der Gesellschaft installiert.

Die allgemeine Entmündigung durch Expertendienste wird durch die Produktion neuer «Sachgesetzlichkeiten und Restrisiken» noch zunehmen. Inzwischen ist es zum Beispiel soweit, daß ich mich von den vergleichsweise harmlosen Witterungsexperten im Fernsehen darüber belehren lassen muß, ob ich mich morgen unter dem Ozonloch in die Sonne legen darf und ob übermorgen der Regen radioaktiv oder nur sauer sein wird. Die Produktionsexperten und ihre Wissenschaften haben die schöne neue Welt so zugerichtet, daß wir auf die Interpretationsexperten tatsächlich angewiesen sind. Im wohlbezahlten Dienst von Kapital-, Partei-, Standort- und Konsuminteressen haben sie unsere Sinne auf Schmerz- und Spaßmacher reduziert, den Verstand im Terminal abgegeben und für die Moral eine Kommission eingesetzt.

Die Entmachtung, die sie den Menschen angetan haben, hat inzwischen auf sie selber zurückgeschlagen. Sie sind immer mehr zu Produkten, Knechten ihrer eigenen Maschinerie und deren kontraproduktiven Folgen geworden. Die «Sachzwänge» haben «sich» zum heimlichen Souverän entwickelt. Nicht nur die ökologischen Katastrophen, auch die politisch-sozialen haben mehr mit dieser «Entwicklung» zu tun, als die hilflosen Macher und Apologeten des zerstörerischen Fortschritts bestreiten können.

Die gegenwärtigen Krisen zeigen, daß diese Entwicklung nicht so hermetisch und glatt vonstatten geht, wie es in meinen Darstellungen manchmal erscheinen mag. Sie verläuft höchst widersprüchlich. Nicht nur die Maschinerie ist unbeherrschbar, auch die Menschen wehren sich gegen ihre weitere Entmachtung. Demokratische Bürgerbewegungen versuchen schon länger ihre «Politikerverdrossenheit» wirksam zu artikulieren. Einzelne haben sich in ihren Nischen durchgewurstelt. Viele lernten wenigstens, nicht unterzugehen. Nach dem Zusammenbruch des Staatssozialismus und dem vorläufigen Sieg des Kapitalismus ist die Krise deutlicher hervorgetreten. Sie zeigt sich nicht nur in der Naturzerstörung, in gewaltigen Wanderungsbewegungen, in der rapide zunehmenden Verelendung im Süden und jetzt auch im Norden, in den mörderischen Verteilungskämpfen um Land, Leute, Macht und Standortvorteile, in der Hilflosigkeit der Politik- und Kapitalmanager, in der moralischen Verwahrlosung, in den brutalen Terrorbanden, die unter Berufung auf irgendwelche Kulturwerte oder auf gar nichts zuschlagen.

Die Krise zeigt sich auch in den bangen Fragen, die immer mehr Menschen immer deutlicher stellen: wie es denn weitergehen könnte, wie wir leben wollen, welche Dinge, Werkzeuge, Bedingungen wir dazu wirklich brauchen, ob und wie wir unseren Kindern eine bewohnbare Erde hinterlassen können, wie Frieden, Gerechtigkeit geschaffen werden können, wie den Mörderbanden und den Korrupten das Handwerk zu legen ist, wie unsere Städte wieder bewohnbar werden können, was unsere Kinder brauchen, um in dieser Welt willkommen zu sein, wie wenigstens der Hunger in der Welt gestillt werden kann? Fragen über Fragen. Und die Experten aller Länder wissen keine Antworten. In vielen Zirkeln, Freundeskreisen, Aktionsgruppen wird über diese Fragen gesprochen, werden Antworten gesucht. In den dazu geführten Gesprächen, in Forschungen und Versuchen ereignet sich auch das, was wir Bildung nennen können.

Änderungen ergeben sich bekanntlich manchmal, wenn die da unten nicht mehr wollen, was sie sollen, und die da oben nicht mehr können, wie sie wollen.

Damit diese Änderungen nicht weiter nach hinten rechts in barbarische Zeiten weisen, sind die kritische Aufmerksamkeit und demokratische Kraft vieler Menschen, ihre soziale, technische und politische Phantasie zur Formulierung neuer Ideen notwendig, die in ein besseres Leben weisen können. Ob wir das Hoffnung, Wunsch oder Utopie nennen, ist völlig egal.

Nicht nur der Weg, der Ausweg ist das Ziel!

Normalerweise ist der Ausgang dort zu finden, wo der Eingang war. Diese Wohnstubenweisheit meiner Mutter war brauchbar, um dem kleinen Johannes den Ausweg in die Schlafstube zu weisen, wenn er ihn zu später Stunde nicht finden wollte. Er wußte ja, wo er war und wohin er gehen sollte. Diese Weisheit taugt aber wenig im geschichtlichen Raum, dessen Eingang als Ausgang vermauert ist. Es gibt da kein Zurück. Nur Erinnerung kann uns versäumte Lektionen, Gelegenheiten oder ausgewählte Einbahnstraßen als Sackgassen der «Entwicklung» vor Augen führen. So können wir wenigstens erkennen, wie wir da hineingekommen sind, wo wir uns gemütlich einzurichten versuchen oder irgendwie herauswollen. Wir können auch erkennen, worauf es hinauslaufen wird, wenn es so weiterläuft im alten Fortschritt und Tritt. Vielleicht fällt uns sogar der eine oder andere unbeleuchtete Notausgang ins Freie auf?

Doch Notausgänge führen oft in den freien Fall. Der endet ohne Netz nur dann erträglich, wenn die Stürzenden Glück gehabt haben; was nicht heißt, daß sie dann glücklich sind. Tausend Ratgeber werden den Gefallenen hilfreich zur Seite treten und ihnen den Noteingang ins Diesseits weisen.

Was mich betrifft, so will ich es so weit nicht kommen lassen. Da ich mich hier für den Zustand und die Möglichkeiten der Bildung interessiere, versuche ich, deren Räume und Wege in den Bildungslandschaften meiner Gegenwart zu erkunden. Mit einem befremdenden Blick, manchmal mit naivem Verstand will ich die Dinge und Umstände betrachten, die erziehen und in denen wir uns bilden können. Selbstverständlich gehören die Reaktionen und Aktionen der Menschen zu diesen Umständen. Es ist eine Bildungsreise ins Reich des Offensichtlichen.

Vom pädagogischen Furor der geballten Lebensumstände auf die nachfolgenden Generationen, dem ein modernisierter Bildungswahn sekundiert, handelt dieser Essay.

Als Orte des Aufwachsens stehen also keineswegs nur die Familien und Schulen zur Diskussion, an deren Adresse der Bildungswahn seine frohen Botschaften vorzugsweise und deshalb irrtümlich richtet. Doch auch die Schulen spielen bei meiner Reise durch die pädagogischen Republiken eine gewisse Rolle, weil sie im Leben unserer Kinder sehr viel Zeit und Raum einnehmen. Darin liegen ihre Bildungschancen, nicht die der Kinder.

Werden sie weiterhin so vertan wie bisher, dann könnte es

sein, daß bald das allmähliche Verschwinden der Schule im Markt zu beobachten sein wird. Die relevanten pädagogischen Experten sind dort längst in Stellung gegangen. Ihre folgende Vision für den Bildungsstart ins 21. Jahrhundert allerdings scheint mir dezent untertrieben zu sein.

«Bildung in eigener Hand» oder Vom Wahn der Bildungsmarktwirtschaft

Die Sonne ging auf bei Paderborn
Mit sehr verdroßner Gebärde.
Sie treibt in der Tat ein verdrießlich Geschäft –
Beleuchten die dumme Erde!

(*Heinrich Heine*)

Es könnte einmal in einem Landhaus zwischen Paderborn und Gütersloh gewesen sein:

Einige Manager aus der Elektronikbranche, aus Verlagen und Medienunternehmen wollten dort in entspannter Atmosphäre über die Zukunft nachdenken. Es ging um die Erkundung gemeinsamer Interessen bei der Erschließung neuer Inlandsmärkte und um die Marktentwicklung in Europa. Zu diesem Symposion waren ein Kulturmarktwissenschaftler, ein jugendforschender Soziologe und eine ganzheitlich spekulierende Bildungsforscherin zum Vortrag geladen worden. Die drei Altachtundsechziger hatten an der pädagogisch marktführenden Universität am Südrand des Teutoburger Waldes nicht die rechte Einstellung finden können. Ihr daraufhin gegründetes «Institut für Bildungsmarketing» (IfB) brachte Trendberichte mit Produktideen in exklusiver Kleinstauflage in die Hände einflußreicher Persönlichkeiten. Die Geschäftsmaxime des Instituts lautete: Man muß die bildungswirtschaftlich relevanten Ideen derart verknappen, daß die Nachfrage nach ihnen ins Unermeßliche steigt. Diese Unternehmensphilosophie, verbunden mit einer maßgeschneiderten Tagungskultur, hatte sich bisher ausgezahlt.

Für das Symposion war das Institut um ein Statement zur möglichen Weiterentwicklung des Einsatzes gar nicht mehr so neuer Medien, Programme und Technologien im Bildungsbereich gebeten worden: Unkonventionelle Ideen seien gefragt; die konfuse und polemische Einschätzung der Branche durch politisierende Moralpädagogen sei bekannt; sie sei aber empirisch, das heißt durch die bilanzierten Verkaufs- und Einschaltquoten demokratisch hinreichend widerlegt. Außerdem hätten gerade die öffentlich lamentierenden Tugendpolitiker den High-Tech-Infomarkt zum Beispiel über Kabel und Satellit begünstigt und sich begünstigen lassen.

Die Hard- und Softwaremanager sind dann doch sehr überrascht gewesen, als die Referenten nicht weniger als die Konturen eines völlig umgekrempelten Schul- und Bildungswesens in den Blick nahmen. Für dessen Verwirklichung sollten die Marktführer selbst die politische Initiative ergreifen und die unternehmerische Verantwortung übernehmen. Denn von der Bildungspolitik und von der politikberatenden Pädagogik sei – bis auf wenige Ausnahmen, auf die es allerdings ankäme – erst dann wieder etwas zu erwarten, wenn die neuen Märkte auch neue Karrierechancen eröffnen würden. Zuvor müsse man aber wohl den vielstimmigen Wiederholungschor vom nun endgültigen Untergang des Abendlandes über sich ergehen lassen.

Nach einigen Bemerkungen über den Unfug schulischer Medien- und Computererziehung – einer reinen Zeit- und Geldverschwendung, weil die jungen Leute sowieso virtuoser mit den virtuellen Dingen umgingen als ihre antiquierten Lehrer –, kamen die Bildungsmanagementberater zur Sache und gingen aufs Ganze:

Die Krise der Schule ist offensichtlich und allgegenwärtig. Sie zeigt sich in einer betriebs- und marktwirtschaftlich völlig irrsinnigen Kosten-Nutzen-Relation. Das derzeitige Schulsystem stillt weder den Bedarf der Wirtschaft an flexiblen, kreativen Teamworkern, noch taugt es zur Befriedung der jugendlichen Dropout-Bewegung, der zunehmenden Zahl von Jugendlichen also ohne ausreichende Familienbindung und Berufsperspektive. Nichts spricht dafür, daß sich die Schule selbst aus dem Sumpf ziehen könnte, und nichts deutet darauf hin, daß ihr die Bildungspolitiker ein Rettungsseil knüpfen. Bildungspolitik wird gegenwärtig sowieso von den Finanz- und Wirtschaftsressorts betrieben. Die aber täten gut daran, die Kräfte des Marktes auch in diesem bedeutenden Sektor zu stärken. Kurz: Die Schule ist nicht mehr zu retten. Ihre Prämissen sind veraltet, und das ist gut so. Es könnte also sein, daß die Stunde der Schule bald geschlagen hat. Ihre Abschaffung ist nicht mehr nur denkbar, sondern machbar geworden. Diese Entwicklung wird nicht so vonstatten gehen, wie sich das einige linkskonservative Schulkritiker in den siebziger Jahren als Entschulung der Gesellschaft gewünscht haben. Diese Leute träumten davon, die Schule in einer Art Bildungssubsistenz in einem selbstbestimmten, anregungsreichen Leben auflösen zu können. Davon sind wir weit entfernt. Aber wir verdanken diesen Kritikern doch gute Argumente gegen die Staatsmonopolschule und für ein marktwirtschaftlich orientiertes Lernen.

Was jetzt auf der bildungspolitischen Tagungsordnung steht, ist die völlige Individualisierung des Lernens durch eine marktgerechte Privatisierung der Schule unter der Leitung einer neuen Bildungsindustrie. Immerhin ist die Schule der größte Staatsmonopolbetrieb, auf den die freie Wirtschaft wartet. In dem weitverzweigten Netz der Filialen werden allein in Deutschland rund zwölf Millionen Schüler und 700000 Lehrer beschäftigt. Vor-, Fach-, Nach- und Hochschulen kommen noch dazu.

Die Vermarktung der Schule liegt im Trend einer allgemeinen Pädagogisierung der modernen Belehrungsgesellschaft. Diese läßt sich aus der Behauptung einer Wissensexplosion in einer unübersichtlichen und risikoreichen gesellschaftlichen Entwicklung ableiten. Die Zunahme des Wißbaren erzeugt einen ständigen

Anpassungsdruck und eine tiefe Orientierungsbedürftigkeit. Daraus wiederum läßt sich eine lebenslängliche Erziehungs- und Bildungsbedürftigkeit moderner Menschen wissenschaftlich begründen. Zu deren Befriedigung können die knappen «Bildungsgüter» angeboten und konsumierbar gemacht werden. Der produzierte Bedarf kann durch prestigeorientierte Bildungsreklame und durch den in die Bildungsgüter eingebauten Verschleiß noch erheblich gesteigert werden.

Was im Bereich der lebenslänglichen Erwachsenenschulung und -therapie, in den Berufsakademien, Segel-, Sprach- und Fahrschulen, im Nachhilfe-, Konsum- und Fernunterricht schon profitabel betrieben wird, könnte auf die heutige Schuljugend insgesamt und ihre ganz allgemeine Bildung ausgedehnt werden. Dabei geht es keineswegs nur um Privatschulen oder um die Privatisierung der bestehenden Schulen. Das wäre bestenfalls eine flankierende und vorbereitende Maßnahme. Sie wird von privilegierten, bildungsbewußten Eltern für ihre Kinder bereits nachdrücklich betrieben. Diese Tendenz ist so zu verallgemeinern, daß die Auflösung der antiquierten Schulinstitutionen im Markt zur realen Perspektive werden kann. Wir werden sehen, daß die über ihren Preis knapp gehaltene und wertvoll gemachte Bildung die Motivation zur Nachfrage überhaupt erst erzeugt. Um solcher Nachfrage gerecht zu werden, hat die Bildungsindustrie präsent zu sein, wenn sie ihre Chancengleichheit auf dem Weltmarkt herstellen will.

Wir sind sicher, die Leute werden Bildungswaren kaufen, wie alles andere auch, wenn die Angebote erst da sind. Der Boom der Reklame-, Ratgeber- und Gebrauchsanweiserliteratur weist uns den Weg. Die High-School-Projekte von Burger King, die Television-Schools von Christopher Whittle aus Tennessee zeigen uns, wo es langgeht.

Unser marktwirtschaftliches Bildungsszenario für den Einstieg in das 21. Jahrhundert ist simpel und sieht so aus: Schulklassen und Schulen, bis auf einige private Sonderschulen für Eliten, Schwerstbehinderte und -gestörte, werden aufgelöst. Da keine Schullehrer mehr zu beaufsichtigen sind, werden die Schulaufsichtsämter abgewickelt.

Jeder und jedem Bildungsbedürftigen wird ein individuelles

Lernprogramm nach Neigung, Eignung und Testergebnis angepaßt und verkauft. Das absolvieren sie zu Hause. Sie entlasten damit zugleich den von ihnen verunsicherten Personennahverkehr. Die Bildungskunden haben so die Freiheit zu lernen, wann immer sie Lust und Muße dazu haben. Selbstverständlich müssen die angebotenen Programme zumindest den Unterhaltungsstandard der Medien erreichen, um ausreichend nachgefragt zu werden. Die ständige Weiterentwicklung modischer, multimedialer Lernverfahren wie Superlearning oder Brainluck können durch ihr Design ganz und gar auf die Wünsche der Kunden zugeschnitten werden. Nach jedem Programmabschluß kann beim Testbüro der neuen Industrie- und Bildungskammer ein Lernerfolgskontrolltest abgelegt und das entsprechende Zertifikat erworben werden. Multipliziert man die Summe der erworbenen Zertifikate mit der insgesamt erreichten Punktzahl, so ergibt sich daraus der Bildungsstand und sein Abschluß- oder Berechtigungswert. Beim Lernberatungsbüro wird auf dieser Grundlage die Empfehlung für die weitere Programmfolge erarbeitet und abfragbar gemacht. Es handelt sich also um ein flexibles, einmaliges und persönliches Curriculum – wie die Schulpädagogen das nennen würden –, das aus vorgefertigten Bauteilen kundengerecht konstruiert wird.

Die Programme mit allen Materialien gibt es in Videotheken, Buchhandlungen und Kaufhäusern. Eigene Bildungsmärkte, etwa nach dem Vorbild der beliebten Baumärkte, könnten zur Selbstbedienung in den Einkaufszentren eingerichtet werden. Der größte Teil der Ton- und Bildinformationen kann über Kabel direkt abgefragt und geliefert werden. Die Kunden haben die notwendigen Heimgeräte wie Telefon, Fax, Computer, ein Bücherbord, Video- und Kassettenrecorder, Television und Stereoanlage schon gekauft oder geleast.

Damit die Kinder und Jugendlichen – sie werden jetzt «verehrte Lernerinnen und Lerner» genannt – vor ihrem Bildschirm nicht allzu sehr vereinsamen und möglicherweise «desozialisiert» oder gar gewalttätig werden, gibt es Lerntherapeuten oder Lernbegleiter, die sie wöchentlich zweimal anrufen und zu Spiel-, Sport-, Werk- und Gesprächsgruppen einladen. Selbstverständlich können die «Lerner» ihre Bezugspersonen auch selbst anrufen und über ihre Probleme reden. Zugegeben, die absehbaren sozialen Folgen unseres Konzeptes machen uns noch Kopfzerbrechen. Sie wären marktwirtschaftlich durch eine erhebliche Kaufkraftsteigerung bei den Problemgruppen zu lösen oder durch eine beträchtliche Erhöhung des allgemeinen Bildungsquotienten. Gelingt das nicht, müssen traditionelle Lösungsmittel, wie Polizei und Sozialarbeit, eingesetzt werden.

Kinder, deren Eltern noch keinen individualisierten Arbeitsplatz zu Hause haben, werden auf Wunsch und gegen Kostenerstattung in privaten Lerngärten beaufsichtigt. Sie sind mit entsprechendem Personal und Gerät ausgestattet.

Das ganze Unternehmen wäre ein rentables Geschäft für Industrie und Bildungshandel, würde die ehemals schulpflichtigen Kinder und Eltern zu freien, selbstverantwortlich nachfragenden Kunden machen und den Staatshaushalt durch die Privatisierung der Kosten erheblich entlasten. Sicher müßte für minderbemittelte Bevölkerungskreise noch eine Art Bildungsgeld bereitgestellt werden – ähnlich dem Erziehungs- oder Wohngeld –, damit sie die Bildungsgüter kaufen können. Die Höhe dieser Beträge stünde aber in keinem Verhältnis zu den heutigen Schulbetriebskosten. Das Bildungsgeld könnte gegen Vorlage der Einkommensnachweise und der Bildungsrechnungen als Zuschuß durch die Sozialämter ausgezahlt werden. Auch eine Erziehungs- oder Bildungsversicherung ähnlich der heutigen Kranken-, Renten-, Pflege- oder Arbeitslosenversicherung wäre denkbar. In sie würden alle Erwerbstätigen einzahlen, um so die Ausbildung derer mitzufinanzieren, die demnächst als Verdienende ihre Rente finanzieren sollen. Es dürfte nicht schwerfallen, die Leute auch weiterhin in dem Glauben zu halten, daß selbst aufgebrachte Bildungsinvestitionen die eigene Zukunft sichern. Auch wären die Bildungsrechnungen als Werbekosten von der Einkommensteuer abzusetzen, damit die Besserverdienenden nicht benachteiligt würden.

In Deutschland – und sicher noch in anderen Ländern – wäre eine solche Transformation der Schule machbar, ohne auch nur eine beamtete Belehrkraft entlassen zu müssen. Der sonst zu erwartende Widerstand der Lehrerverbände bliebe also gering. Man müßte die Sache nur aussitzen und, wie in den letzten Jahren auch, keine neuen Lehrkräfte mehr einstellen. Keinesfalls dürften aber neue Lehrkräfte in unkündbare Beamtenverhältnisse gelangen.

Aufgrund der heute so genannten biologischen Lösung wären in 15 bis 20 Jahren etwa 75 Prozent der jetzt noch beamteten Lehrpersonen im Ruhestand. Den Rest würde man umschulen oder fortbilden zu Bildungsberatern, Programmschreibern, Testingenieuren, Bildungswerbern, Animateuren und Erziehungstherapeuten. Die letzten Schulräte könnten als Bildungsaufsichtsräte in die Industrie gehen oder als Überprüfungsräte den Testbüros vorstehen. Jüngere Lehrkräfte haben in der Regel sowieso nur Angestelltenverträge; sie könnten leicht aufgelöst oder umgewidmet werden.

Die leerstehenden Schulhäuser wären der profitablen Asbestsanierung oder aber Interessenten auf dem Wohnungsmarkt zur Verfügung zu stellen. Einige Mittelpunktschulhäuser oder Schulzentren ließen sich kurzfristig in Bildungsmärkte, Lerngärten oder Beratungszentren umrüsten. Die Schulhöfe sind als Parkplätze bereits gepflastert.

Noch dürfte die notwendige Akzeptanz bei den Stimmbürgern, also auch bei den politischen Parteien, für diese staatskostenneutrale Bildungsreform nicht hergestellt sein. Merkwürdigerweise halten selbst hartgesottene Betreiber und Politiker der Marktwirtschaft, die ihre Enkel und Kinder längst auf Privatschulen schicken, an der staatsmonopolistischen Bildungsplanwirtschaft fest. Sie tun das, obwohl sie ansonsten keine Gelegenheit auslassen, die grenzenlose Überlegenheit der Markt- gegenüber der Planwirtschaft zu rühmen. Solche Inkonsequenz könnte mehrere Gründe haben: Entweder wollen diese Traditionalisten gar keine Bildung für die Mehrheit der Bevölkerung, oder sie glauben, Schulen böten die einzigen Bildungswege, auf denen man Menschen planmäßig sortieren und zufriedenstellen kann. Dabei müßten doch gerade sie wissen, daß es der Markt ist, der die feinen Unterschiede zwischen den gesellschaftlichen Höhenlagen am großartigsten hervorbringen und zugleich sozialverträglich verschleiern kann.

Es ist auch denkbar, daß die Schulbewahrer glauben, sie könnten nur über die allgemeinverbindliche Beschulung den für ihre Zwecke dienlichen Einfluß auf die Jugend behalten. Sie scheinen so etwas anzunehmen, obwohl doch gerade die allumfassende Bildungsplanwirtschaft in der abgewickelten Ostrepublik das Gegenteil bewiesen hat. Möglicherweise sollen auch nur die Arbeitslosenstatistiken geschönt bleiben, indem möglichst viele Jugendliche möglichst lange in den Erziehungs- und Schulungslagern untergebracht und beschäftigt werden. Oder ist unseren Bildungspolitikern noch gar nicht bewußt geworden, wie sehr Wissenskonsum und Bildung längst zu ganz gewöhnlichen Waren avanciert sind, weil sie ihren eigenen anderslautenden Festreden mehr glauben als den allseits beobachtbaren Fakten?

Vor diesem Hintergrund schlagen wir erste Schritte vor: Vertrauensbildende Maßnahmen für die Schaffung eines letztlich globalen Bildungsmarktes zum lebenslänglichen Lernen sollten von einem neuen Unternehmensverband «Gesamtbildung» eingeleitet werden. Pädagogische Akzeptanzforschung, erfolgreiche Pilotprojekte und positive wissenschaftliche Gutachten, Bildungslobby und Bildungsreklame müßten Nachhilfe in freier Marktwirtschaft erteilen. Die radikalen Schulkritiker sollte man keineswegs mehr verteufeln, sondern bezahlen und mit Sonderforschungsmitteln ausstatten, damit sie die Schule effektiver angreifen und ihre Untauglichkeit publikumswirksamer nachweisen können. Eine erste Gesetzesinitiative muß die Abschaffung der kontraproduktiven «Schulpflicht» erreichen.

«Bildung in eigener Hand» wäre ein brauchbarer Name für die Propagierung unseres individualisierungskonzeptes. Man könnte sich auf zwei attraktive Vorbilder berufen. Sie sind völlig freiwillig und demokratisch aufgrund der technischen Möglichkeiten dieser Gesellschaft durchgesetzt worden:

1. Im Verkehrswesen rollte die neuere Entwicklung von der gemeinsam genutzten Eisenbahn zum Privatauto, in dem jetzt alle sitzen.

2. Im Unterhaltungswesen lief die neuere Entwicklung vom gemeinsam benutzten Kino zum privaten Bildschirm, vor dem

jetzt alle sitzen. Mit einem Fernsehpflichtgesetz hätte man das nie erreicht.

Im Bildungswesen stünde folgerichtig die neueste Entwicklung von den gemeinsam genutzten Lehrkräften in Schulklassen zum jederzeit abrufbaren «Privatlehrer» ins Haus, mit dem auch das «Sitzenbleiben» endgültig geregelt wäre.

Selbstverständlich sind andere Wege der Bildung denkbar und für bedeutende Minderheiten auch wünschenswert. Wir sehen da keine Probleme. Nichts spricht dagegen, sondern alles dafür, daß unsere Eliten eigene und nicht nur marktgerechte Wege gehen. Auch ist noch nicht ganz absehbar, wie die humangenetischen Produktionstechnologien das Erziehungsgeschäft bereichern werden.

Es ist zu erwarten, daß durch die überfällige Umgestaltung des Bildungswesens auch ein gewaltiger Motivationsschub in der Bevölkerung ausgelöst wird. In die eigene und der eigenen Kinder Bildung zu investieren wäre künftig wörtlich zu nehmen. Das dürfte vor allem echte Spitzenbegabungen fördern. Der Weizen kann sich selbst von der Spreu befreien. Die Selbstverantwortung der Bürger wird gestärkt. Jeder sollte wirklich seines Glückes Schmied sein können. Die Konsumhaltung gegenüber dem Staat wird über den Markt an die eigene Adresse zurückgeleitet.

Natürlich konnten wir in dieser groben Skizze nicht alle Probleme ansprechen. Offene Fragen sind beispielsweise: Können die Kinder bereits vor dem dritten Lebensjahr als Konsumenten angesprochen werden? Wie soll das Verhältnis zwischen Einzellernen und Gruppenlernen gestaltet werden? Wie reagieren wir auf den Vorwurf – und er wird kommen –, daß der Markt die Bildungschancen der unteren Bevölkerungsschichten nicht unbedingt verbessern könnte? Was geschieht mit den unvermeidlichen Konsumverweigerern? Brauchen wir noch eine Restschule im Angebot? Wie sehen die Programme inhaltlich aus? Welche Bildungsstandards und Normen müssen vereinbart und kompatibel gemacht werden? Kann das Projekt auf EG-Ebene gefahren werden? Welche neuen Infrastrukturmaßnahmen müssen ergriffen werden? Wie hoch sind die tatsächlichen Einsparungen gegenüber den jetzigen Schulkosten?

Viele solcher Fragen sind noch plausibel zu beantworten. Aber es ging hier ja erst einmal um das Ziel und um das Prinzip. Sicher werden zunächst zielorientierte Übergangsmodelle konzipiert werden müssen, die als Reform (nicht als die gewünschte Auflösung) der Schule darzustellen wären. Hier können wir von amerikanischen Kollegen und Firmen bereits erprobte Strategien übernehmen. IBM und Apple sind da schon fortgeschritten. Die Burger King Academies etwa zeigen, daß sich auch weniger bildungsnahe Unternehmen in diesen Markt einschalten. Und die Managementfirma «Education Alternatives Inc» aus Minneapolis beispielsweise übernimmt die Schulen ganzer Stadtteile. Ihr Modell ist durch Umfragen demokratisch legitimiert und enthält viele Elemente reformpädagogischer Schulen, aber eben auch schon marktwirtschaftliche. Dieses Konzept wird sich leicht in das Marktmodell überführen lassen. Insbesondere aber sollten wir das schon erwähnte Projekt-Edison des Verlags- und Medienunternehmers Christopher Whittle beachten. Mit einem Stab von rund 100 namhaften Experten – unter der Leitung des für «Edison» eigens zurückgetretenen Präsidenten der renommierten Yale-Universität B. C. Schmidt – werden phantastische Bildungsperspektiven für das 21. Jahrhundert entwickelt.

In den USA werden diese Perspektiven seit einigen Jahren öffentlich diskutiert und mit Unterstützung führender Politiker in die Praxis umgesetzt. Aber auch an der Basis tut sich etwas. Rund ein Prozent der schulpflichtigen Kinder erleben ihr homeschooling als lebendige und vielfältige Alternative. (Zur weiteren Information empfehlen wir Ihnen die Lektüre der entsprechenden Artikel aus der *New York Times* – besonders den vom 26. 5. 92. Der ebenfalls in unserer Tagungsmappe beigelegte Text von Thomas von Machui aus der deutschen Zeitschrift *päd. extra*, 2/93, gibt einen kurzen Überblick zu den angesprochenen Tendenzen in den USA.)

Wir können uns nicht vorstellen, daß Sie es sich leisten wollen, auf ähnliche und sogar weitergehende Projekte in Europa zu verzichten. Wollen Sie wirklich den hauseigenen Bildungsmarkt der Zukunft einer dann intelligenteren Konkurrenz aus Übersee überlassen? Noch haben wir alle Tassen im Schrank, und Sie müssen keine Bildungslizenzen aus den USA, aus Japan oder gar China importieren. Aber die Zeit drängt. Selbst die Holländer, Dänen und Briten haben bessere Rahmenbedingungen für die Bildungsmarktwirtschaft als die Deutschen. Doch hat das deutsche Bildungswesen einen entscheidenden Standortvorteil: Es steckt in einer tiefen Krise. Es wird sich aus dieser Krise nicht selbst befreien können. Es braucht die Hilfe der Wirtschaft. Das ist Ihre Chance!

Die Versuche sozialdemokratischer Kulturminister, mehr Schulautonomie zu wagen, weisen in die richtige Richtung. Diese Leute haben eingesehen, daß sie nichts Entscheidendes mehr entscheiden können. Die Mittel fehlen, und bildungsbewußte Eltern – zu denen die führenden Genossen gehören – gehen sowieso private Wege. Folgerichtig überweisen sie die kosten- und kundenrelevanten Probleme aus der Behördenkultur an die Schulautonomie. Sie selbst behalten sich lediglich eine gewisse Rahmenkompetenz – vor allem im Prüfungswesen – vor, auf die auch eine freie Bildungsmarktwirtschaft nicht ganz verzichten sollte. Die Misere soll dort verwaltet werden, wo sie real existiert, also ganz unten. Die veralteten Lehrkörper der Schulen sind dumm genug, diese Zumutung als Zumutung zurückzuweisen. Allen voran ihre Standesgewerkschaften, die so tun, als hätten sie nicht jahrelang gegen die Bevormundung durch Schulverwalter gestritten.

Das ist wie im Kinderspiel: Wer hat Angst vorm schwarzen Mann? Niemand! Wenn er aber kommt? Dann laufen wir davon! Diese infantile und schulhausgemachte Beamtenmentalität wird dafür sorgen, daß die verordnete Schulautonomie zum Flop wird. Es sei denn, Sie und wir treten den reformfreudigen Kräften im Schulwesen so kräftig zur Seite, daß selbst lächerliche pädagogische Selbstverständlichkeiten zum innovativen Reformpotential hochgewürdigt werden können. Die Robert-Bosch-Stiftung hat beispielsweise mit ihrer Tübinger Pestalozzibildung von Kopf, Herz und Hand gezeigt, wie mit geringsten Mitteln relevante Reformkräfte in das marktwirtschaftliche Kalkül eingebunden werden können.

Wir verstehen solche kleinkarierten Spielchen nur als vertrauensbildende Begleitmusik auf dem Weg zur Bildungsmarktwirtschaft. Diese zu verwirklichen ist Ihre Aufgabe. Sie müssen die politische Initiative und die unternehmerische Verantwortung für das große Zukunftsprojekt übernehmen.

Unser Institut für Bildungsmarketing ist in der Lage, alle erforderlichen Konzepte und Texte in Ihrem Sinne zu formulieren, die notwendige Unternehmensberatung zu übernehmen und einen auserwählten Kreis renommierter Wissenschaftler als Gutachter und Mitstreiter zu gewinnen.

Soweit das leicht gekürzte Wortprotokoll der IfB-Referenten. Das Symposion soll nach diesen Ausführungen noch einen recht lebhaften Verlauf genommen haben. Der Faszination durch attraktive Perspektiven stand der Glaube an die gute alte Dampfschule gegenüber. Schließlich waren auch die Manager aus ihr als Gewinner hervorgegangen. Einige warfen den Referenten Zynismus vor; sie plädierten für eine betriebswirtschaftliche Modernisierung der Schulen und Universitäten. Andere sprachen vom Ausbau eines zweiten Bildungsmarktes in Konkurrenz zur Schule nach dem bewährten Strickmuster der Unterhaltungsindustrie.

Auserlesene Weine trugen dazu bei, daß zu später Stunde doch noch die unternehmerische Euphorie die Oberhand gewinnen konnte. Bisher ungeahnte Expansionsperspektiven zum Wohle der Menschen und ihrer Bildung standen im Raum. Man wollte an der Sache dranbleiben, die amerikanischen und japanischen Markterfahrungen genauer auswerten lassen und sich demnächst wieder zusammensetzen. Die Herrschaften müssen auch noch einige Kabel entwirren, Lizenzen und Satelliten unter sich verteilen, bevor sie starten können.

Wir haben also eine kurze Verschnaufpause bis zur nächsten pädagogischen Revolution. Die droht zu halten, was sie verspricht, weil sie mitten im mächtigen Marktstrom schwimmt, gegen den schwer anzukommen ist. Ich vermute, daß die Auseinandersetzung mit der pädagogischen Marktwirtschaft in den Bildungsdiskussionen der nächsten Zeit eine zentrale Rolle spielen wird. Dabei käme es mir darauf an, die Widersprüche, Gefahren und Möglichkeiten dieses pädagogischen «Fortschritts» so zu diskutieren, daß Alternativen sowohl zum weltweiten Klassenzimmer des Marktes als auch zur schulischen Bildungsplanwirtschaft sichtbar werden könnten. Beide machen «Bildung» zur knappen Ware und verwandeln Kinder in Mittel zum Zweck. Diesem Skandal gegenüber ist der Pädagogenstreit, ob die Kinder mit oder ohne Computer lernen sollen, nicht nur längst entschieden, sondern ungefähr so bedeutungsvoll wie ihr Streit in den zwanziger Jahren, als es darum ging, ob die Kinder auf Papier oder Schiefer schreiben lernen sollten. Selbstverständlich sind verfügbare Werkzeuge zu benutzen.

Doch will ich die gewährte Verschnaufpause nicht mit Kollegenschelte vertun. Statt dessen wende ich mich der noch real existierenden Bildungsplanwirtschaft und anderen pädagogischen Merkwürdigkeiten in unserer Deutschen Pädagogischen Republik (D. P. R.) zu.

Ansichten einer Pädagogischen Republik

> Allgemeinmenschliche Werte sind die, die es nicht lohnt, über die Grenze zu schmuggeln.
>
> *(S. J. Lec)*

Übermut zur Erziehung?

In der Pädagogischen Republik gibt es eine merkwürdige Regel. Immer wenn eine jugendliche Opposition auftritt, werden leitende Persönlichkeiten zu Staatspädagogen, dann packt sie der konservative «Mut zur Erziehung» (Bonn, seit 1978). Mit Erziehung zu Tugenden und Werten wollen sie ausbügeln, was ihre Politik und die Wirtschaft verursacht haben und was sie einer angeblich falschen (linken) Pädagogik anlasten. Natürlich wollen sie die ausgemachte «Ursache» gleich mit beseitigen.

Die Strategie ist sattsam bekannt und oft geübt. Die gleichen Leute, die vom Versagen der Pädagogen schwadronieren, kürzen die Mittel für Erziehung und Bildung. Schon von daher darf man bezweifeln, daß sie ihren eigenen Parolen glauben. So könnte ich die neuerlichen pädagogischen Kampagnen übergehen und mich interessanteren Fragen zuwenden. Doch vermute ich, daß sie diesmal, seit Beginn der neunziger Jahre, eine andere Qualität haben. Nicht nur die Konservativen, sondern große Koalitionen in verschiedenen

Werteinitiativen mit bedeutenden Namen scheinen es ernst zu meinen. Von der alten Tugendlehre bis zu einer «Werte-Erziehung im Geiste der Aufklärung» ist alles vertreten. Ich will sie nicht in einen Topf werfen. Was sie gemeinsam haben, ist das, was ich als pädagogischen *Bildungswahn* bezeichne. Er besteht in der Annahme, daß die Jugend vor allem durch das Versagen von bestimmten Pädagogen vom Pfad der Tugend abgekommen sei und daß sie durch eine bessere oder andere Pädagogik auf ihn zurückgebracht werden könnte. Kaum ein Wort fällt über die gesellschaftlichen Umstände, in denen die mächtigsten Erzieher und Lehrer der nachfolgenden Generationen zu finden wären. Gegen sie kann keine Pädagogik allein ankommen und eine pädagogisierende Politik schon gar nicht. Vor allem dann nicht, wenn diese Umstände unreflektiert bleiben und – politisch – weiterhin als unantastbar gelten. Zu den erzieherischen Umständen gehören selbstverständlich auch die Schulen. Deren heimliche Hauptwirkungen konterkarierten oft die beste pädagogische Absicht. Also wäre die Schule neu zu denken und zu gestalten (H. v. Hentig), anstatt sie und die Lehrer mit uneinlösbaren Ansprüchen lächerlich zu machen. Parolen helfen da wenig.

Wenig hilfreich sind auch die übermütigen Erzieher aus Bonn. Doch formulieren sie einen neuen Gedanken. Sie wurden dazu gezwungen, weil die Jugendopposition, auf die sie heute reagieren, politisch rechts zu verorten ist. Da aber auch daran die linken Pädagogen (wer immer das ist) schuld sein sollen, bedarf es einer theoretischen Wende: Waren sie bisher die raffinierten Verführer der Jugendlichen, die diese zu linken Chaoten und Demonstranten erzogen haben, so sind sie jetzt einfach nur noch Versager. Mit ihrer «antiautoritären und Konflikt-Pädagogik» haben sie den alten Rechten die neuen Nachfolger in die Arme getrieben. So einfach geht das?

So einfach soll von den sozialen Ursachen der gefährlichen rechten Minderheitsbewegung, von der Rolle führender Politiker im Rechtsruck der Republik und bei der Vorurteilsbildung gegen Fremde abgelenkt werden? Die «Suche» nach den Ursachen der rechten Gewalt gerät unterderhand zum Angriff auf eine «linke Pädagogik». Die reicht großzügig von der Frankfurter Schule über Neill, Fromm, die Achtundsechziger bis zu Hartmut von Hentig. Wie sie das alles unter einen Hut bringen, scheint die Angreifer selbst nicht zu interessieren.

Nun spreche ich hier selbstverständlich nicht gegen die notwendige Selbstreflexion und Kritik des eigenen pädagogischen Denkens und Handelns, im Gegenteil. Nur geht das nicht auf dem unteren Niveau der Sündenbock- und Mythenproduktion durch Verdrehung oder Auslassung eindeutiger Tatsachen. Es geht auch nicht unter Ausschluß der Selbstreflexion der Angreifer und ihrer eigenen Rolle bei der Entstehung der ja wirklich bedrohlichen Erscheinungen.

Zur Selbstreflexion hätten die übermütigen Staatserzieher allen Anlaß. Ihr antiquiertes hierarchisches Schulsystem mit seinen sozialen Diskriminierungsfolgen spricht einer demokratischen Gesellschaft hohn. Es kann nicht einmal den Ansprüchen der Wirtschaft, geschweige denn den Zukunftswünschen der jungen Generation gerecht werden. Aber es ist effektiv in der Erzeugung von «Schulversagern», die kaum noch eine andere Chance haben, als destruktiv zu werden. Diese Jugendlichen brauchen keine neuen Werte, die sind ihnen bekanntgegeben worden, sie brauchen eine gute Gegenwart und Zukunft. All das ist hinreichend beschrieben und trifft weiterhin auf taube Ohren und steinerne Herzen. Also wende ich mich wieder dem Angriff der politischen Oberlehrer zu.

Um die Herstellung von Mythen und Sündenböcken unter Verwendung verdrehter Tatsachen und pädagogischen Größenwahns geht es, wenn behauptet wird, daß die rechte Jugendgewalt nur auf dem Humus antiautoritärer Erziehung und «emanzipatorischer Konfliktpädagogik» gedeihen konnte. Hier soll eine pädagogische Minderheitenbewegung das Gegenteil dessen hervorgebracht haben, was sie selbst beabsichtigte und eine wehrlose Mehrheit in Staat und Gesellschaft wünschte. Und dieses Kunststück soll sie auch noch in Regionen verbrochen haben, in denen sie weder vorkam noch geduldet worden wäre.

Wie viele antiautoritäre Erzieher und Kinderläden, Wohngemeinschaften, Pädagogikkooperativen, Alternativ- und Laborschulen mögen es wohl gewesen sein, die in der DDR, in Hoyerswerda und Rostock der Jugendgewalt Tür und Tor geöffnet haben? Gab es da nicht noch eine kleine autoritäre pädagogische Republik, die in der strammen Werteerziehung geradezu Weltspitze war?

Nun trat kurz danach die rechte Gewalt auch in den alten Bundesländern auf. Die Morde von Mölln und Solingen bezeichnen die Spitzen des Eisbergs. Aber auch hier sind Täter, Mitläufer und erwachsene Applaudierer – bis auf einzelne Ausnahmen – nicht durch antiautoritäre Kinderläden, linke Elternhäuser, Freie Schulen oder durch die einzige Laborschule im Lande gegangen.

Es ist also pure Demagogie, wenn solche Versuche in einem Atemzug mit den Ursachen der Gewalt genannt werden. Wahrscheinlich paßt den rechten Oberlehrern die ganze Richtung nicht. Denn es trifft durchaus zu, daß in reformpädagogischen Projekten eine kritische Aufmerksamkeit entstehen kann, die der etablierten Politik, die kaum eine Gelegenheit ausgelassen hat, die Fremden als einen Grund der Krise und eine Ursache der Gewalt zu bezeichnen, entgegenstünde.

Über die Ursachen der Haßphantasien und der «Gewaltbereitschaft» bei einer großen, nicht nur jugendlichen Minderheit ist inzwischen viel nachgedacht und geforscht worden. Große Übereinstimmung besteht inzwischen darin, daß deprimierende Kindheitserfahrungen, Ohnmachts- und Verlassenheitserlebnisse, schulische Niederlagen, Arbeits- und Perspektivlosigkeit, also die Summe unannehmbarer Lebensumstände, viele Menschen in Haß, Banden und problematische Identifikationen geführt haben. Ich teile diese Einschätzung und versuche in meinen Texten, den pädagogischen Wirkungen solcher Lebensumstände nachzugehen, die auch zu anderen Ergebnissen führen können. Die Freiheit, aus ein und derselben Lage verschiedene Schlüsse zu ziehen, besteht immer.

Ein Blick auf den unvollendeten Bildungsroman der deutschen Vereinigung mag das zeigen.

Unabgewickelte Bildung

> Und ein tiefer Wunsch ist in mir, ein
> Sichnachaußendrängen, und gleich hebe ich
> den Finger, ich Eingesperrter in die
> Schulklasse Deutschland, und ich sage ein Wort,
> das Wort meines jämmerlichen Lebens:
> «Herr Lehrer! Ich möchte mal rausgehen!»
>
> (*Kurt Tucholsky*)

Die Vorstellung einer Pädagogischen Republik mag vielen Menschen absurd vorkommen. Sie enthält auch eine maßlose Übertreibung, die allerdings von der Realität schon überholt worden ist. Erst 1989 wurde so eine Republik durch massenhafte Schulflucht und massive Unterrichtsstörungen ihrer Umwicklung zugeführt.

Die DDR war bis jetzt die am aufwendigsten zu- und eingerichtete Pädagogische Republik, die es je gab. Ein ganzer Staat mit 17 Millionen Erziehern und Zöglingen war 40 Jahre lang wie ein Einheitsschulversuch zur Erzeugung eines «neuen sozialistischen Menschen» alles erfassend organisiert worden. Das zentrale Oberlehrerkomitee in seinem Bildungswahn wollte nichts dem Zufall oder gar dem freien Spiel der Kräfte überlassen. Fabriken, Medien, ein karges Warenangebot sowie sämtliche Staats- und Parteiorgane und natürlich die Lehranstalten erfüllten pädagogische Aufträge. Deren organisierte Ausführung geschah allerdings nach einem preußisch-leninistischen Strickmuster, das dem unserer westlichen Bildungsplanwirtschaft nicht unverwandt ist. Das Grundmodell stammt aus dem 19. Jahrhundert und war schon vor seiner Einführung veraltet. Mit den anderen, wirklich materiellen Erziehungsmächten moderner Gesellschaften konnte und kann es nicht konkurrieren. Vielleicht liegt darin auch ein Grund für die widersprüchlichen Beschulungserfolge, nicht nur in der abgeschafften Republik?

Zivilcourage und Widerstand gegen die Staatsorgane, aber auch Fremdenhaß und Gewalt wurden nirgends ausdrücklich gelehrt. Eher doch das Gegenteil. Trotzdem wurden und werden diese gegensätzlichen Einstellungen und Fähigkeiten von verschiedenen Menschen in der gleichen Republik gelernt.

Sicher war die heimliche und verleugnete «Erziehungsarbeit» durch die Lebensverhältnisse der pädagogischen DDRepublik wirksamer als die offizielle. Und die wirklichen Lernerfahrungen der Menschen und ihre Ergebnisse standen in krassem Gegensatz zu den Werten, Tugenden, Interpretationen und Glücksverheißungen, die nach den Vorgaben des offiziellen Lehrplans verkündet wurden. (Wie differenziert diese Widersprüche erfahren werden konnten, wie die pädagogischen Phänomene der Schulungsrepublik bei den Lernenden ankamen und erwidert wurden, hat Freya Klier in ihrem persönlichen Bericht «Lüg Vaterland. Erziehung in der DDR», München 1990, vorgestellt.)

Zugegeben, das DDR-Beispiel ist extrem. Außerdem ist der Einheitsschulversuch dieser Pädagogischen Republik im Sinne seiner Zielsetzung gescheitert und im Sinne seiner Gegner beendet. Warum also noch darüber reden? Weil ich nicht sicher bin, ob wir bisher mehr als nur vorläufige Endergebnisse kennen. Sicher scheint mir hingegen, daß die pädagogischen Lehren dieses brutalen, aber einmaligen Langzeit-Modellversuchs noch nicht hinreichend begriffen werden.

Ich will hier nur sieben Schlüsse ziehen, die für die andauernde Pädagogische Republik von Bedeutung sein könnten:

Erstens scheint mir bewiesen zu sein, daß man mit systematisch organisierter, auch autoritärer, wertorientierter und umfassender Schulerziehung nicht einen einzigen neuen Menschen produzieren könnte.

Zweitens folgt daraus, daß die Erziehung durch die realen Verhältnisse wirksamer ist als jede schulische oder journalistische Belehrung über sie.

Drittens scheint mir bewiesen, daß die öffentlichen Erziehungsinstitutionen mit noch soviel Werte- und Moralerziehungsinstitutionen nichts oder das Gegenteil erreichen, wenn die Werte und Moral, die sie nur vertreten, von der Politik und ihrer Ökonomie in den wirklichen Verhältnissen abgeschafft und mit Füßen getreten werden.

Viertens scheint mir bewiesen, daß die Menschen aus diesen Widersprüchen, die sie sehr unterschiedlich erfahren, auch verschiedene bis gegensätzliche Lehren gezogen haben und noch ziehen. So frei waren sie. Viele haben zwischen Anspruch und Wirklichkeit einen Ausweg gewählt. Den Fluchtweg in das große Glück oder nur in das kleinere Übel? Nicht so viele haben sich die propagierte, aber verratene hohe Moral (Solidarität, Menschenrechte, Sozialismus, Völkerverständigung und so weiter) zu eigen gemacht und sich in Widerstandsgruppen gegen die herrschenden Unterdrücker und Lügner organisiert. Wieder andere haben die verordnete Moral für die miserablen Lebensverhältnisse verantwortlich gemacht und das entstandene Vakuum durch Haß, Gewalt und nationalistisches Identitätsgefasel aufgefüllt. Zweifellos verteidigen diese Leute jetzt Werte; und eine Moral nennen sie das auch. Sie sind so unmenschlich, wie sie es von denen gelernt haben könnten, die Menschlichkeit nur propagieren. Die meisten aber haben gelernt, daß man von der Moral nicht satt wird, und sich damals wie jetzt an die Werte gehalten, die erreichbar erscheinen. Diese Werte waren schließlich auch im Materialismus einigermaßen materiell. Um ihre Waren-Ziele zu erreichen, haben sich die Leute – wie überall in der Welt – geduckt und angepaßt. Das war eine Übung, die man in den Schulen, wie auch im übrigen Leben, sowohl lernen als gebrauchen konnte, um brauchbar zu sein. Die Übung machte sich auch in der Wende und danach bezahlt.

Fünftens habe ich den unwiderlegbaren Eindruck, daß keines dieser vielfach erreichten «Lernziele» in irgendeinem Lehrplan seit 1945 hüben oder drüben formuliert worden ist. Aber für sie gearbeitet haben alle, ob wir es wollten oder nicht.

Sechstens habe ich das sichere Gefühl, daß die parteilichen Oberlehrer des vereinigten Deutschlands die Bildungslehren der vergangenen Pädagogischen Republik nicht begreifen wollen oder können. Sie sehen offenbar nicht einmal, welcher Erfahrungsschatz hier zu bergen wäre. Warum lassen sie das zweifelhafte Geschenk nicht kritisch begutachten? Warum setzen sie ihren Bildungswahn in einer etwas moderneren Form der Bildungsplanwirtschaft einfach fort, als sei nichts passiert?

Siebtens darf ich sagen, daß trotz aller absurden Lebensbedingungen in der Ex-DDR eigenwillige Menschen besondere Wege fanden. Sie haben sich in den widrigsten Umständen gebildet, selten ganz allein. Sie haben Gedanken, Sprache, Kunstwerke, Spiele und Gruppen hervorgebracht, die den Machthabern widerstanden – und sei es in Form hintergründiger Unterwerfung. «Das einzige, was man nie sein darf, ist ein Sieger», schrieb Elias Canetti. Sie alle konnten keine Sieger sein. Das spricht für sie – und macht mich traurig zugleich.

Vereinigte Stimmungslage

Wer will, kann meinen sieben Schlüssen entnehmen, daß selbst die totalitäre Herrschaft den dialektischen Bewegungen der Bildung nicht entrinnen konnte. Sie mußte Bildung, die sich gegen Herrschaft wendete, zwischen den Ansprüchen und der Wirklichkeit in den Einzelnen unvermeidlich und wider schlechteres Wollen hervorbringen. Wer will, kann darüber hinaus erkennen, daß diese Widersprüche, in denen auch Bildung entstehen kann, keineswegs mit der totalen Pädagogischen Republik abgewickelt worden sind. In anderer, subtilerer Gestalt konnten solche Bruchstellen in den kapitalistischen Demokratien bisher einigermaßen zusammengehalten werden. Doch zeigt deren Krise die Grenzen der Integrationsfähigkeit. Den westlichen Gesellschaften ist mit der abschrekkenden Alternative im Osten auch der abgeschreckte Gegner abhanden gekommen, und damit zwei bedeutende äußere Feinde als «Stabilisierungsfaktoren der inneren Sicherheit». Da bessere Alternativen im Inneren abgeblockt wurden, stehen die ratlosen «Sieger» in Gestalt von Politikern und Wirtschaftsführern ohne erfreuliche Perspektive da. Weil viele von ihnen auch in der Krise noch nicht bereit sind, sich selbst in Frage zu stellen, werden sie (mit dem, was sie vertreten) durch die Gesellschaft in Frage gestellt. Die Selbstverleugnung einiger Politiker geht so weit, daß sie es «Politikverdrossenheit» nennen, wenn immer weniger Stimmbürger ihre Politik für wählbar halten. Das ist für verstimmte Vertreter bedrohlich; und es könnte für uns alle bedrohlich werden, wenn die Stimmen von unten keinen demokratischen Ausdruck finden.

Die Basischöre sind vielstimmig, unüberhörbar. Manche singen leise nur für sich. Andere versuchen sich gegenseitig zu übertönen. Wieder andere wollen im Statt-Orchester ohne Dirigentia die fünfte Geige spielen. Die an den Mikrophonen singen solo, meist gegen andere Solisten. Herausragende Stimmen sind selten und gehen unter. Einige sind auch stumm, wollen nur vor der eigenen Haustür kehren, oder da gerade nicht, sondern «hinten in der Türkei» und anderswo.

Die leitenden Herrschaften können verdrängen, verleugnen, abschreiben, was sie wollen; sie schaffen sich damit nur die Probleme, zu deren Lösung ihnen nichts einfällt. Auf den Leerstellen versammeln sich dann die Chorgemeinschaften, auf deren Stimmen die Politiker fürderhin verzichten, aber hören müssen.

Das wäre ja nun alles keinesfalls als Problem zu beklagen – im Gegenteil. Endlich kümmern sich aktive Minderheiten um Belange, die sie nicht vertreten, sondern gelöst sehen möchten. Sie erheben ihre Stimme und tragen sie nicht nur zu

Kreuze. Als pädagogischer Optimist kann ich mir im Bildungswahn sogar vorstellen, daß selbst die abgebrühtesten Vertreter der Politik zu Volks-Schülern werden können, wenn es um ihre Jobs geht.

So weit, so gut. Die Stimmen für die eigenen Belange mehren sich. Die Belange werden von den Interessenten selbst auf ihre «Gemeinwohlverträglichkeit» hin überprüft und mit ihr begründet. Den Gegnern bleibt der Widerspruch im Halse stecken. Die Einstimmung bereitet die Stimmung vor, die eine Abstimmung ersetzt. Diese Stimmung ist eine Meinung, die durch Umfragen zustande kommt. Sie ist Durchschnitt. Die Interessenten an der Basis hätten es gerne etwas konkreter. Sie wollen nicht den Lärm an sich, sondern den in ihrer Straße nicht mehr hören. Soll er statt dessen eine Straße weiter dröhnen? Darüber gibt es Streit zwischen Nachbarn. Und wenn sie sich genug gestritten haben, können sie sich darüber verständigen, daß der Lärm für alle unzumutbar sein dürfte, obwohl keiner sein Auto verschrotten lassen will. In solchen Diskussionen kann Bildung entstehen und Demokratie lebendig werden: Eine besondere Frage kann nur über eine allgemeine Erkenntnis konkret beantwortet werden.

Nicht so geschwollen, aber in diesem Sinne, wird gegenwärtig an vielen Orten diskutiert. Und das läßt hoffen. Soweit ich sehe, wird an der Basis, da wo «das Volk» wohnt, manchmal etwas mehr Demokratie gewagt, als den Volksvertretern recht ist. Unterhalb des Vertreterniveaus ist die Stimmung nicht nur schlecht.

Das Bild wird allerdings getrübt durch eine andere Basisbewegung, deren Mitläufer nicht reden, sondern besoffen grölen, zuschlagen, feuern, vor Mord nicht zurückschrecken und auch danach nicht trauern können; die eine nationale Identität reklamieren, deren Segnungen ihnen gerade vorenthalten wurden; die sich letztlich selbst so fremd sind, wie ihnen alles Fremde erscheint, auf das sie einschlagen.

Den Ursachen dieser schrecklichen Bewegung kann ich hier nicht genauer nachgehen. Ich will nur feststellen, daß die Täter, Mitläufer und Ermunterer ihren brutalen Wahn in der gleichen, geeinten Pädagogischen Republik gelernt haben, in der wir nun den demokratischen Widerstand gegen sie erlernen müssen. Weil aber namhafte Politiker einigen Pädagogen die Schuld an dem Terror der Jugendbanden in die Schuhe schieben wollen, den sie andererseits nur mit Pädagogik zu bekämpfen gedenken, bleibe ich noch etwas bei dem Thema.

In den Schulen beider Deutschlands standen die kruden Lehrern der Rechten und ihrer Jugendbanden nicht im Lernziel-Katalog. Das Gegenteil wurde reichlich gelehrt, auch wenn sich die Machthaber selten an ihre eigenen Lehren gehalten haben. Warum konnten oder wollten das so viele nicht begreifen? Vielleicht war der heimliche Schullehrplan, nach dessen Regeln viele der jungen Rechten zum Scheitern gebracht wurden, an ihrem grausigen Lernerfolg beteiligt? Wahrscheinlich haben die perspektivlosen Lebensumstände, in denen sie verraten und allein gelassen wurden, im Osten wie im Westen den Ausschlag gegeben. Dagegen boten die selbstgewählten Jugendgruppen oder Banden Nähe, Gemeinschaft, Regeln, Symbole und Sinn. Das haben sie mit jeder Jugendbewegung gemeinsam, so verschieden ihre Ziele auch sind.

Das Ziel der Rechten wurde (an)greifbar, nachdem Opportunisten aus hohen Stellungen die Hatz auf Fremde freigaben. Damit waren die wahren Opfer als Schuldige an der Misere der Täter ausgemacht; und die Täter haben sich freigesprochen. Einer mußte der Sündenbock sein. Weil er außen nicht mehr zu finden war, mußte er innen gesucht werden.

Nur die Fremden waren noch schwächer als die schwachen Brandstifter und applaudierenden Biedermänner. In der Identifikation mit der für sie selbst bedrohlichen Aggression des «Vaterlandes» gegen alles Unbrauchbare versuchten sie sich gegen die zugemutete Überflüssigkeit zu wehren. Vor allem diese Angst vor der eigenen Nutzlosigkeit und vor der eigenen «sozialen» Abschiebung macht mir die barbarischen Angriffsproteste begreifbar. Sie werden zunehmen, wenn die an den Rand gedrängten Jugendlichen keine andere Alternative finden als Zerstörung, Haß und Selbstzerstörung.

Wir müssen Antworten finden, zum Schutze der wirklichen Opfer und für den Schutz und die Verwirklichung eines demokratischen Gemeinwesens. Dazu bedarf es nicht weniger als die praktische Erfindung einer sozialen Gesellschaft, in der keine Bevölkerungsgruppe als «Soziallast» oder Sündenbock ausgegrenzt werden kann, weil jeder und jede erwünscht und wichtig ist.

Ich kenne die Antworten nicht, und sie sind auch an keinem Schreibtisch allein auszudenken. Aber ich kenne einige Antworten, die mit Sicherheit falsche Perspektiven eröffnen. Drei falsche, pädagogisch aufgeladene Antworten will ich mit einigen Gedankensplittern hinterfragen. Etwas überspitzt lauten sie so: 1. Das Boot ist voll, keiner darf mehr rein, und einige müssen über Bord. 2. Wir sind wieder wer, und dazu brauchen wir noch eine richtige Identität. 3. Die «antiautoritären und linken Konfliktpädagogen» sind an den rechten Gewalttaten schuld, und deshalb benötigen wir jetzt eine neue, wertvolle Erziehung (s. Übermut zur Erziehung).

Mit Feuer- und Wasserwörtern wird die Gefahr beschworen, die eingedämmt werden muß. (Oder war das die Kampagnenwelle von gestern, und ich bin noch auf dem falschen Dampfer?) Asylantenströme, Flüchtlingswellen und Bevölkerungsexplosionen bedrohen uns aus südlicher Richtung, eine Einwandererschwemme schwappt herüber. Die Deiche brechen, das Land ertrinkt im Überfluß – am Überflüssigen. Die Deiche hoch, die Schleusen fest geschlossen. Die Flut marschiert. Das Land geht unter. Die Steuerleute schreien: Das Boot ist voll! Keiner darf mehr rein, und mehrere müssen über Bord.

Das hörten einige junge Leute, die befürchten mußten, daß sie gemeint sein könnten. Denn sie kamen sich selbst recht überflüssig vor, weil sie nichts zu tun hatten, nicht gebraucht wurden, also nicht wichtig waren. Andere wiederum hatten Angst, daß die Fluten sie aus ihren Stellungen wegspülen könnten. Wieder andere glaubten, das ganze Boot würde kentern und sie mit ihm. Endlich konnten sie einen nützlichen Dienst für das bedrohte Schulschiff «Vaterland» verrichten, wenn auch ohne Bezahlung und nur mit ihren primitiven Bordmitteln.

Also legten sie Feuer, um das eingedrungene Wasser auszulöschen. Die meisten Menschen im Boot hatten Angst vor dem Feuer, zumal die Steuerleute auf der Brücke es nicht wahrhaben wollten. Über all das berichtete der Bordfunk. Darüber merkten die dummen Wasserlöscher, daß es ihnen gelungen war, sich wichtig zu machen. Also machten sie sich weiter wichtig. Und der Bordfunk sowie alle Schiffsjournale berichteten pausenlos. Panikstimmung kam auf. Das Boot kam ins Trudeln, so daß viele Insassen nur noch an die Rettung ihrer eigenen Haut denken konnten.

Ganz anders dachte einer der jungen Wasserlöscher, ein sechzehnjähriger Hauptschüler. Kurz vor seinem Abgang ins wirkliche Leben, für das ihm die Lehrer keine untere oder mittlere Reife bescheinigen wollten, soll er versichert haben: Er sei rechts und würde deshalb für den *Rechts*staat Deutschland bis aufs Messer kämpfen. Es sei typisch, daß jetzt die kleinen Leute wie er wieder mal den Kopf hinhalten müßten, um Deutschland von diesem dreckigen Pack zu befreien, während die da oben, wie immer, bloß reden würden – weil sie Schiß hätten, wie im Krieg auch schon. Sein Großvater hätte das auch gesagt. Es ginge ihm gar nicht um sich; er sei sowieso der letzte Dreck. Es ginge um die deutsche Kultur, die sauber bleiben müsse. (Die deutsche Kultur, das seien Goethe, Schiller, Werder, Fleiß und Sauberkeit.) Er habe gar nichts gegen Ausländer, das seien ja auch nur Menschen. Er habe nichts gegen Türken, aber die sollten da bleiben, wo sie hingehörten. Die sollen dort arbeiten, dann ginge es da auch besser. Die Japaner und die Italiener hätten es ja auch geschafft. Nur Mehmet – einer aus seiner Klasse –, der könne hierbleiben, der sei in Ordnung; der habe selbst schon Ausländer verhauen und sei für die deutsche Kultur. Diesen Jungen ging es nicht um die Rettung Schiffbrüchiger, sondern um die Rettung brüchiger Schiffe.

Wie kommen solche Ergebnisse von «Lernprozessen» zustande? Wie wollen wir sie interpretieren? Welchen Anteil hat die Schule an so viel Dummheit? Was haben die Schwätzer vom vollen Boot an diesem Jungen verbrochen? Der redet gar nicht von den Ausländern, die ihm angeblich Wohnung, Frau und Arbeit wegnehmen. Der will die deutsche Kultur schützen, sogar die Dichter und Denker. Er will schützen, was ihm so restlos vorenthalten bleibt, wie so vieles, was zu einem besseren Leben gehören könnte. Wie hat er gelernt, sich mit etwas zu identifizieren, was ihm «das Glück» vorenthält, welches ihm doch ständig versprochen wird? Man denke nur an die allgegenwärtige Reklame. Selbst deren Glücksverheißungen bleiben denjenigen vorenthalten, denen die «Kaufkraft» für das käufliche Glück fehlt. Ihnen bleibt nur ein Ersatz für den Ersatz des Glücks, und der heißt Identität mit etwas Größerem und mit Gewalt.

Wir sind wieder wer, sagen einige leitende Herren, die das offensichtlich selbst nicht so richtig glauben. Ich habe nie das «wieder» in dem Satz verstanden. Wir waren doch immer irgendwer. Jetzt aber sollen wir auch noch eine Identität mit «uns» ausbilden, damit wir wer sind? Eine nationale, kulturelle, europäische, ethnische, religiöse, bayerische oder lombardische Identität soll Probleme lösen, die mit ihr erst hervorgebracht werden.

Mir würde es völlig genügen, wenn die Menschen mit sich selbst halbwegs identisch wären, also ihrer selbst sicher sein könnten. Ichidentität nennen das einige Psychologen. Dazu könnte eine Bildung beitragen, die sich gerade nicht mit den Zumutungen einer kollektiven Identität identifizieren würde. Nur in der Distanz und Befremdung, die eine Zuneigung erst ermöglichen, kann ich mein Land, meine Heimat und meinen Nächsten lieben – wie mich selbst.

Ich vermute, daß es jene «Identischen» sind, die sich mit etwas identifiziert haben, was sie nicht sind, die den Terror in der Welt aufrechterhalten. Sie wollen alles identisch machen mit dem, wofür sie sich halten. Sie mögen sich selbst nicht leiden, also auch keinen Nächsten neben sich. «So frage ich denn», schrieb Sankt Erasmus vor 500 Jahren im «Lob der Torheit», «ob jemand einen anderen lieben kann, wenn er sich selbst haßt, ob jemand mit einem anderen auskommen kann, wenn er mit sich selbst uneinig ist, und ob jemand einem anderen Liebe und Lust entgegenbringen kann, wenn er sich selbst zur Last ist?» Diese alte Weisheit ist jung geblieben.

Identität sucht, wer nicht bei sich, mit Freunden sein kann, wer Fremdheit nicht aushält, weil es ihm an «Eigenheit» mangelt. Identität ist noch immer eine Wurzel jeder Ideologie (Th. W. Adorno). Sie soll die unerfüllten Wünsche mit der Realität versöhnen, die ihre Erfüllung nicht zuläßt. Weil sich die Realität nicht so leicht ändern läßt wie ihre Interpretation, ändert man diese.

Ich habe den Eindruck, das neueste Gerede um kulturelle oder gar nationale Identität hängt mit solchen Verleugnungsversuchen zusammen. Die Definition politischer Identitäten bestimmt, was ihnen einverleibt und was ausgeschieden wird. Sie bieten sich als unangreifbare Wahrheiten an, in denen das Politische ethnisiert und damit in eine Art Naturzustand übersetzt wird. In ihm hat dann alles seine natürliche Ordnung, jeder seine Rolle, «jedem das Seine». Kritik und Opposition können in einem derart geschlossenen System leicht wieder in «Zersetzung und Nestbeschmutzung» umgedeutet werden und zur Ausgrenzung der Nichtidentischen aus dem Nest führen. Ich halte das Identitätsgerede für regressiv und politisch gefährlich. Und ich spreche damit nicht gegen, sondern für eine persönliche, psychische und soziale Identität der Menschen. Sie wäre gerade denen zu wünschen, die sich mit irgendeiner Kultur oder Nation identifizieren müssen, um wieder wer zu sein.

«Kultur» ist zu einem Schlüsselwort der Eingemeindungs- und Ausgrenzungsstrategien geworden. Dieser Vorgang deutete sich schon mit der Inflation des Kulturbegriffs an. Sogar dem Streit, den Unternehmen, den Medien und den Beziehungen verlieh das angehängte Wort eine höhere Weihe, die völlig unangemessen ist. Das Kultische an dem Kulturkult fördert einen sekundären Mythos, mit dem ganz gewöhnliche Dinge, Tätigkeiten und Gebilde tief bedeutend gemacht werden. Als Kultur sind sie schon an sich wichtig und schier unantastbar.

Dabei wären gerade die diversen Kulturen, einschließlich der großen, eher zu kritisieren, als mystisch zu verklären. Ich zumindest möchte mich mit keiner identifizieren müssen und lebe doch gerne in einem Land mit einer bedeutenden Kultur, mit der ich mich auseinandersetzen kann und muß.

Gegenwärtig ist eine Ethnisierung und Nationalisierung des Wortes Kultur zu beobachten. Deutsche Kultur, nationale und kulturelle Identität sind vor allem Abgrenzungsbezeichnungen gegen alles andere geworden. Sie enthalten rassistische Momente, ohne sie benennen zu müssen. Offensichtlich kommt ein modernisierter «Rassismus» ohne Rasse aus, nicht aber ohne Kultur, Nation und Wir-Gefühle in einer angeschafften oder zugewiesenen kulturellen Identität.

Könnte es sein, daß «unsere Kultur» nur eine erhabene Bezeichnung für «unsere Interessen und Zwecke» geworden ist? Ein nicht mehr hinterfragbares Kriterium zur Beurteilung der Tauglichkeit fremder Kulturen und ihrer Menschen für «unsere Kultur», für unsere «kulturellen Interessen» in aller Welt? Wird Kultur hierzulande deshalb mit dem Nationalstaat in eins gesetzt, weil der in der Welt «wieder eine Rolle» spielen soll?

Gott sei Dank hat das internationale Kapital noch kein größeres Interesse an einer nationalen Identität gefunden. So verrückt es ist, aber die internationalen Märkte sind gegenwärtig ein gewisser Schutz vor nationalistischen Aufbrüchen und zugleich der wichtigste Grund für ihre Entstehung. Da sie immer mehr Menschen von ihren Segnungen ausschließen, kommt es zu Krisen, Verteilungskämpfen, Kompensationen im ideologischen Bereich, zu Mangelerscheinungen, auch im Kopf. In ihm ist der Wahn angesiedelt. Er hat auch die Bildung in diesem Land verändert und vor allem ihre Bedingungen.

Bevor ich mich auf einzelne pädagogisch wirksame Phänomene im Alltagsleben einlasse, will ich in zwei Kapiteln einigen bildungstheoretischen Fragen nachgehen.

Ich möchte klären, ob mit dem Begriff der Bildung und dem des Subjekts nach deren Inflation noch etwas anzufangen ist, was sie heute bedeuten und wie ich sie in ihrer Widersprüchlichkeit begreifen kann. Dann möchte ich überlegen, was zwischen den Generationen durch die Veränderung der Dinge passiert sein könnte. Auch wenn diese Versuche nur Annäherungen an eine Antwort sein werden, so können sie doch verdeutlichen, vor welchem Hintergrund ich die vordergründigen Erscheinungen des pädagogischen Angriffs der Dinge und Umstände sehe. Nach dieser Durststrecke gibt es dann wieder etwas Cola aus dem Evangelium der Erfrischung.

Bildung im Widerspruch

> Was aber sind die Reichen ohne Weisheit
> anderes als von Kleie gemästete Schweine?
> Was die Armen, wenn ihnen das
> Verständnis der Dinge abgeht, anderes als
> mit Lasten beladene Esel?
>
> *(J. A. Comenius, 1628)*

Was ist Bildung?

Wer von Bildung spricht, meint normalerweise die «allgemeine oder besondere Bildung» eines einzelnen Menschen. Sie entsteht in einem «Bildungsprozeß», der pädagogisch organisiert werden kann, in dem die «Bildungsgüter» einer Kultur oder bestimmte Kenntnisse und Fähigkeiten vermittelt und von den Lernenden im «Kanon» angeeignet werden. Der Prozeß mündet danach in einen Zustand, der sich als gebildet, halbgebildet, ausgebildet oder ungebildet kategorisieren läßt. Manche meinen sogar, man könne diesen Zustand mit einer Prüfung ausweisen, etwa mit dem Initiationsritus «Reifeprüfung» oder mit einem akademischen Examen.

Diese Bildungsvorstellung ist in unseren Bildungsinstitutionen verankert. Sie erlaubt es den «Gebildeten», Bildung zu definieren und über Prüfungen so zu regulieren, daß die Zahl der Gebildeten nicht allzusehr ins Kraut schießt. Sollte dies doch einmal passiert sein, wie jetzt durch eine «zu hohe Bildungsbeteiligung», kommt es zu einer Entwertung der Ware

Bildung. Damit ihr Tauschwert wieder steigt, muß sie erneut verknappt werden, indem die Latte höher gelegt wird. Über den Maßstab werden die Überflüssigen zum Stolpern gebracht. Um dies zu rechtfertigen, erfindet man alte Konzepte, die es erlauben, eine kleine Gruppe der nun «wirklich Gebildeten» aus dem großen Haufen auszulesen. Gegenwärtig geschieht dies mit dem Konzept der «Elitebildung zur Sicherung des Kultur- und Wirtschaftsstandortes Deutschland».

All das ist auch ein Ergebnis von Bildung, einer undynamischen Bildungsvariante allerdings, die ihre besseren Möglichkeiten institutionell geknebelt hat. Zugleich kann auch unter diesen Bedingungen Bildung neu entstehen. Schließlich verbringen die jungen Menschen heutzutage viele wichtige Stunden und Jahre in den Bildungsinstitutionen, und sie kommen dort mit interessanten Menschen, Themen und Gegenständen zusammen. Und wo Menschen zusammenkommen, um eine Frage zu erörtern, etwas Bestimmtes zu lernen oder sich einfach zu unterhalten, kann auch nach der Bildung dieser Zusammenkunft gefragt werden. Gerade im Dialog der Verschiedenen könnte das entstehen, was wir Erkenntnis, Wissen, Können, Moral und Zuständigkeit, also Praxis einer gemeinen Bildung nennen können. Bildung ist kein Zustand. Das Wort selbst weist sie am Ende als Bewegung aus. In seiner Geschichte kommt nicht nur das Bild, das Vorbild, die Formgebung, sondern auch das Benehmen, Gestaltgeben, Bilden und Einbilden vor. Ich verstehe Bildung als eine Haltung zur Welt und zu meinem Nächsten, die ohne Wissen, Können, Moral und Vernunft nicht entstehen kann.

Bildung ist mithin ein anspruchsvolles Wort. Spätestens seit 200 Jahren enthält es die Hoffnung auf die Selbstentfaltung menschlicher Fähigkeiten, auf Erkenntnis und vernünftige Praxis, auf «Freiheit». War und ist dies nur der Bildungswahn aufgeklärter Bürger?

Der heute vorherrschende Begriff der Bildung kennzeichnet ihre unaufgeklärte Zurichtung. Furor einerseits, Verfall andererseits lassen sich ablesen in Wörtern wie: Bildungswesen, Bildungsminister, Spezialbildung, Elitebildung, Bildungsökonomie, Bildungsverwaltung, Bildungsgipfel. Andere Begriffe wie Erziehung, Ausbildung, Sozialisation, Qualifikation, Lernen, Wissensvermittlung, Kreativitäts- oder Kommunikationserziehung, Information und so weiter bezeichnen heute Vorgänge, in denen Bildung geschehen kann, ohne mit ihnen identisch zu sein. Diese Wörter benennen formale Prozeßabläufe, keine Inhalte. Sie können dies und jenes bedeuten – qualifiziert, informiert und kreativ sind auch die Mafiosi. Immer kann «um zu» hinter diese Wörter gesetzt werden. Es handelt sich also um Ausdrücke, die meist von Menschen gebraucht werden, die andere zu dem machen oder bringen wollen, was sie gerade für richtig und wichtig halten. In der Regel geht es hierbei um Ein- und Anpassung in vorgegebenen Verhältnissen und um die Vermittlung von Wissen und Fertigkeiten für vorgegebene Zwecke nach einem ingenieurpädagogisch ausgeklügelten Verfahrensplan.

In solchen «Lernprozessen» sind die Lernenden als Objekte der Beschulung definiert, deren «subjektive Interessen» bestenfalls berücksichtigt werden, oft nur zum Zwecke der Motivation. Als Subjekte sind sie nicht gefragt, wenn sie lernen sollen, sich selbst zum Mittel für fremde Zwecke zu machen. Wenn sie dann von ihren Erziehern noch hören müssen «Wir wollen doch nur euer Bestes», kann es sein, daß sie genau das nicht hergeben wollen. Sie entziehen sich, aber auch das ist zu ihrem Schaden.

Ich spreche hier selbstverständlich nicht gegen Lernen, Wissen und Können, auch nicht gegen Kurse oder Programme, in denen das Gewünschte schnell und wirksam erlernt werden kann. Erlerntes kann als Instrument für alles Mögliche und Unmögliche taugen. Auch im Rahmen schlichter Belehrungen kann Bildung entstehen, wenn sich die Lernenden dem Stoff eigensinnig zuwenden können, wenn er zu ihrer Angelegenheit wird.

Die Bildung des werdenden Subjekts – wie es in der Sprache der Aufklärung heißt – ist als subversive Möglichkeit seiner Befreiung auch in den verschulten Lernprozessen noch enthalten. Diese Möglichkeit ist dem Stoff und den Inhalten als Widerspruch eingeschrieben. Der Stoff läßt sich so wenig nur verwalten wie die Lernenden, die ihn nur lernen sollten, um zu funktionieren. Der altbekannte Widerspruch kann erkannt und wirksam werden: Wer schreiben und lesen gelernt hat, wird nicht nur Bittbriefe schreiben und Gebrauchs- oder andere Anweisungen lesen müssen. Wer rechnen gelernt hat, muß nicht nur seine bescheidenen Sparzinsen ausrechnen, sondern kann auch andere Kapitale und Prozente ermitteln. Wer – aus welchem Grund auch immer – mit den großen Werken der Kunst vertraut wurde, kann ihre Wirkungen erfahren und erkennen, die über das gerade Bestehende hinauszuweisen vermögen. Wer sprechen kann, wird – sofern er will und muß – auch widersprechen.

Die Macher der Lernprozesse können selbst zum Mittel möglicher Bildung werden, auch wider ihren Willen. «Machen» können sie Bildung ohnehin nicht, wohl aber unterstützen oder behindern. Wenn Bildung trotz ihrer allseitigen Behinderung auch in totalitären Staaten und Klassengesellschaften immer schon «institutionalisiert» war, dann in den Vorgängen, in denen der Widerspruch zwischen Herrschaft und Bildung eine befreiende Auflösung sucht. Auch diese Versuche können neue Herrschaft hervorbringen und damit neue Widersprüche, in denen Bildung entsteht. Das geschieht insbesondere auch in den Reformen der Bildungsinstitutionen.

Niemand hat meines Wissens die hier nur angedeuteten Zusammenhänge genauer untersucht als Heinz-Joachim Heydorn – mein verstorbener Lehrer (Bildungstheoretische Schriften, 3 Bände, Frankfurt 1980). Gernot Koneffke, der Heydorns Werk freundschaftlich und kritisch weiterführte, wie keiner seiner Schüler es konnte oder getan hat, schrieb in seinen «Überlegungen zur Bildungsreform vor der Jahrhundertwende» (Jahrbuch für Pädagogik 1993, Frankfurt a. M. 1993):

«Ist der Widerspruch von Bildung und Herrschaft Bedingung und Resultat bürgerlicher Gesellschaft, so treibt der Ausgang des Jahrhunderts ihn auf die Spitze. Die tendenzielle Universalität der Verwertung ist die negative Realität einer universellen Kritik jeder Herrschaft, die Kritik die Negation jener Negation in dieser selbst; der Topos ‹Grenzen des Wachstums› verweist auf eine andere Sphäre als der Appell es suggeriert, in den der Club of Rome ihn münden ließ. Auch sie gründet in der Analyse, die die Angst gebiert, doch wendet sich in ihr die Analyse schon zur Kritik.

Es ist die Sphäre der in den Individuen sich setzenden Subjekte. Einzig sie können empathisch aufnehmen, was der Appell nur stillschweigend voraussetzte: daß Notwendigkeit und Möglichkeit einer radikalen praktischen Kritik Sache einsichtigen Handelns der Individuen ist. Deren Bildung in ihrem Widerspruch führte ihre Verhältnisse an die Grenzen des Wachstums. Ist Bildung mithin auch Befreiung des Besseren, das bürgerliche Gesellschaft wesentlich verspricht, aus dem

Schlechten, das sie noch allemal aus sich macht, so hängt die mögliche Umkehr schließlich an der Kraft der empirischen Subjekte, in denen die Individuen zur Vernunft kamen. Deren Authentizität nimmt keine Reform ernst, die nicht in der Perspektive einer schließlichen Befreiung von der Institution ansetzt.»

Demnach hätte sich Bildung mehr denn je auf die Gesamtheit der Verhältnisse zu beziehen. Befreiende Bildung gerät zu ihren Bedingungen in Widerspruch. Ohne diesen kann es sie nicht geben und bessere Verhältnisse auch nicht. Das schließt die Erkenntnis unserer Ohnmacht, aber auch unserer Zuständigkeit für das jetzt unverantwortbare Ganze und seine besseren Möglichkeiten ein.

Ich fürchte, der große Anspruch enthält eine noch größere Überforderung, der sich einzelne oder auch Gruppen ausgesetzt sehen. Der gute Spruch der Friedensbewegung «Global denken, lokal handeln» bot eine Brücke zwischen allgemeinen und besonderen Verhältnissen. Er artikulierte die Notwendigkeit, eigenes Handeln vor Ort mit dem Weltgeschehen in Beziehung zu bringen. Doch manche Erfolgsphantasien mußten enttäuscht werden. Für einige endete das lokale Handeln im Lokal, in dem nicht mehr global gedacht werden konnte. Andere machten und machen sich über den Versuch lustig, im Weltgeschehen etwas verbessern zu wollen. Nur wenige bringen immer wieder den Mut auf, im Bewußtsein des Ganzen auch im Kleinen mit ernstem Engagement zu arbeiten.

Die meisten Leute aber gehen ihren Geschäften nach – sofern sie welche haben –, engagieren sich manchmal, wo es um ihre persönlichen Belange geht, und wollen im übrigen soviel Spaß wie möglich haben. Nur in diesem Punkt sind sich, soweit ich sehe, beinahe alle einig. Deshalb gibt es Streit mit den

Spaßverderbern, und das sind immer die anderen. Auch in dieser Praxis ändern «sich» die Verhältnisse und die Bildung, die es in ihnen gibt. Alle haben es gesehen, aber keiner will es gewesen sein.

So wünsche ich noch immer, die mäßigen Verhältnisse könnten menschlich werden und nicht die Menschen verhältnismäßig.

Suche nach dem verlorenen Subjekt

Alle Menschen gehen durch die «Schule des Lebens». Ein jeder schreibt an seinem Curriculum, das sich im Laufe der eigenen Biographie, also in der Zeit, bildet. Wahrscheinlich lernen wir *durch* die Umstände – die natürliche, soziale und politische Umwelt – mehr als *über* sie. Wir finden sie vor, ändern uns mit ihnen, ändern sie und kommen so zu unserer eigenen Geschichte. Wir lernen *über* die Umstände durch Gespräche, Lektüre, Lehrer, Eltern, indem wir analysieren, erklären, nachdenken und begreifen. Diese distanzierenden Tätigkeiten sind selbst prägender Anteil der bildenden Umstände und können über sie hinausweisen. Sie sind in besonderer Weise prägend, wenn sie abgespalten werden. Eine solche Abspaltung kann durch die Bildungsinstitutionen erfolgen, wenn in ihnen Stoff und Lernende voneinander entfremdet, also auch gleichgültig gemacht werden. Solches geschieht durch die Wirkung des sogenannten heimlichen Lehrplans (Selektion, Zensur, Zeitverplanung, Isolation, Lernen «um zu» und «als ob»). Über diese Wirkungen sind die Bildungsinstitutionen mit den wirklichen Lebensumständen ihrer Teilnehmer verbunden.

Mir geht es etwas großspurig um die Gesamtheit der Umstände, die uns prägen und die wir zu prägen suchen. In diesem wechselseitigen Prozeß entsteht alle Bildung.

Soziologen haben das euphemistische Wort «Sozialisation» erfunden. Der scheinbar neutrale Begriff hat die Gewichte in einer Dialektik zwischen Individuum und Gesellschaft verlagert. Nicht die Menschen sozialisieren danach die Umstände, sondern die Umstände sozialisieren die Menschen. Die idealistische Bildungshoffnung sah es eher umgekehrt, obwohl ihre Träger wußten, daß diese nicht vollends erreichbar sein würde. Karl Marx hat das am schärfsten kritisiert. Aber auch seine Hoffnung war, daß es den Menschen gelingen möge, ihre Geschichte selbstbewußt zu gestalten und sie nicht nur hinter dem Rücken ihrer eigenen Charaktermasken ablaufen zu lassen. Auch seine Hoffnung hat sich nicht erfüllt. Aber sie wird aufrechterhalten durch Menschen, die sich nicht abfinden wollen mit dem scheinbaren Selbstlauf der Geschichte. Sie widersprechen, im guten wie im schlechten Sinn. Oder sie spielen mit und wollen wenigstens ihr Vergnügen haben.

Der Begriff der Sozialisation hat die Macht der Verhältnisse auf seiner Seite. Dinge und Sachzwänge sind zu den mächtigsten «Sozialisationsagenten» geworden – wie sie in der Sprache dieser Theorie heißen. Die Kraft der alten «Agenturen» Familie und Schule ist im Schwinden begriffen. Ihre anonyme Vergesellschaftung hat die alten Verbindlichkeiten aufgelöst, ohne daß neue, freiere an ihre Stelle getreten sind. Damit ist das Zukunftsversprechen der alten Institutionen für viele unserer Kinder unglaubwürdig, weil unerfüllbar geworden. Für diesen historisch beispiellosen Vorgang der Entbindung wird niemand persönlich haftbar gemacht werden können. Moralische Appelle an die Verantwortung werden verhallen, auch weil ihnen die Basis entzogen ist durch die, die appellieren (s. Kap. «Zwischen den Generationen»).

Den Sozialisations-, Informations-, Kommunikations-, Erziehungs- und Lernprozessen scheinen die Täter abhanden gekommen zu sein. Als Opfer bieten sich viele an. Als Richter spielen sich einige auf. Ankläger und Verteidiger tun sich gemeinsam schwer in einem Prozeß der Zivilisation, der Opfern und Tätern, Angeklagten und Mandanten die gleiche Gerechtigkeit widerfahren lassen will. Doch die angeblich gleiche Gültigkeit wird zur Gleichgültigkeit. Dies ist ein Charakteristikum des real existierenden Kapitalismus und seiner weltweiten Entwicklung. In der behaupteten Alternativlosigkeit hat er nicht nur die alten «Werte» verschluckt, die seine Vertreter jetzt wider schlechteres Gewissen propagieren. Er hat auch die alten «Sozialisationsagenturen» in der freien asozialen Marktwirtschaft aufgelöst.

Besonders unglücklich scheinen die Hohepriester der Marktwirtschaft über die erfolgreiche Zertrümmerung der Familienbindungen zu sein, die im ungerechten Warentauschverhältnis der Geschlechter und Generationen begraben wurden. Deren zerbröckelten Sozialkitt wollen sie jetzt wieder weichklopfen. Zugegeben, an den von alten Bindungen befreienden sozialen Netzen haben wir alle mitgehäkelt. Auch sie sind janusköpfig. Versicherungen und andere Händler verdienen jetzt an deren Löchern. Nun sind wir in ihnen gefangen und müssen um die Stricke auch noch kämpfen, um nicht durchzufallen. Und das ist ja nur ein Beispiel für die Verstrickungen, in denen wir befangen sind und die den Jungen schon gar keinen Halt bieten können.

In dieser verwickelten Lage fällt es schwer, Subjekte und Objekte der Geschichte zu ermitteln. Aber sitzen wir wirklich in einem Boot? Raumschiff Erde wird es sogar genannt. Soll dieser Globalsatz alle Differenzierungen vereinnahmen? Sind die Steuerleute ohne Weitblick, die Deckgäste ohne Einsicht, die Ruderer ohne Durchblick und die Hungernden ohne Aussicht wirklich in einem Atemzug zu nennen? Verdient keiner mehr als sein Drittnächster an der Misere? Könnte die Suche nach den Oberabsahnern, diesen verdienstvollen Profiteuren der allgemeinen Verelendung, mehr als einige zweifelhafte Subjekte zutage fördern? Könnten die Sucher nach dem revolutionären Subjekt, das alles ändern soll, mehr als den verzweifelten Schrei der Verdammten nach Brot und etwas Teilhabe am Irrsinn hören und doch nicht hören? Zwei Drittel der Weltgesellschaft sind zu Opfern entwickelt worden, die sich weder ausreichend ernähren noch aus dieser Lage befreien können.

Auf der Suche nach den Subjekten treffen wir in der Regel auf ihre Vertreter. Alle tun nur, was sie müssen, und nehmen, was sie kriegen können. Einige übernehmen sogar die Verantwortung für Taten, die sie weder begangen haben noch verantworten können. Andere begehen Taten, für die sich weder verantwortlich fühlen, noch zur Verantwortung gezogen werden können (im äußersten Fall war ein ungelöster Vater-Mutter-Komplex handlungsleitend, im zweitäußersten Fall gab es eine Art Befehlsnotstand, im drittäußersten Fall ging es um die Durchsetzung legitimer Interessen einer höheren Gewalt für was weiß ich).

Das Subjekt der Geschichte ist sein Vertreter. Er ist ersetzbar. Sein meist rentabler Rücktritt verschafft uns selten mehr als Kosten und einen neuen Vertreter. Der Andrang ist deshalb beträchtlich. Aber wen oder was vertritt der Vertreter? In den siebziger Jahren wäre mir und einigen Freunden – von denen sich manche nicht mehr erinnern wollen – die Antwort leichtgefallen. Das Kapital hatten wir als ein Subjekt ausgemacht, dem eine antagonistische Arbeiterklasse als revolutionäres Subjekt gegenüberstand. Die Analyse wäre ja weniger falsch gewesen, wenn wir nicht übersehen hätten, daß sich die Dinge zu ihrer beider Gunsten entwickelt haben und daß es sich in beiden Klassen auch um simple Vertreter ihrer eigenen Jobinteressen gegen den Rest der Welt gehandelt hatte. Immerhin scheint es das Kapitel noch zu geben, Reste der Welt gibt es auch und Bewegungen massenweise – aber ein Subjekt?

Ich gebe unumwunden zu, daß ich nicht in der Lage bin, *ein* Subjekt der Geschichte dingfest zu machen. Die weltweit stattfindenden Vertreterversammlungen geben keine Auskunft. Also unterstelle ich zunächst die verdinglichten gesellschaftlichen Verhältnisse selbst als zweifelhafte Subjekte. An ihnen reiben sich die nachfolgenden Generationen mehr als an ihren farblosen Vertretern. Zu denen zählen auch wir als «Vertreter der älteren Generation», wenn wir den Nachfolgern nicht mehr zu bieten haben als Information, Belehrung, Gebrauchsanweisung, eine dingliche Kälte und eine versaute Welt als Erbschaft, für die wir uns selbst als unverantwortlich erklären müssen. Ob diese Reibungsbewegungen zwischen den Generationen nur zu Reibungsverlusten oder zur Erwärmung in einer demokratischen Bewegung führen, weiß heute niemand. Sicher ist, daß Änderungen stattfinden, wenn viele (Subjekte?) das wollen. Bleibt zu hoffen, daß sie etwas Gescheites wollen.

Bildungstheoretisch und pädagogisch ist die Frage nach den Subjekten altmodisch, und sie ist einfach zu beantworten. Subjekte sind Menschen, die sich nicht vertreten lassen können, wenn es um ihre eigene Bildung, also ihre eigenen Angelegenheiten, geht. Und das betrifft Lernende und Lehrende in gleicher Weise, wenn sie miteinander im Gespräch, im Spiel oder in der Arbeit sind. Dann sind Lehrende immer auch Lernende und umgekehrt, die sich verläßlich und freundlich miteinander verändern können, wenn sie das wollen. Sie tun es in Auseinandersetzung oder Einklang mit ihrer Umgebung, ihren Wünschen und Fähigkeiten.

Kurz gefaßt: Die Subjekte der Bildung sind die Subjekte, und das sind «Menschen wie du und ich» («Reader's Digest»).

Das trotzige Selbstbewußtsein, das ich in diese schlichten Sätze geschrieben habe, ist leider beschädigt und gekränkt. Die Verletzungen stammen von den Panzern, mit denen sich viele Zeitzeugen vor den harten Schlägen der selbstgemachten Realität schützen und sich jetzt auch vor den wirklichen Schlägern schützen müssen. Kränkend sind die Schaumstoffpolster, mit denen diese Realität ausgekleidet worden ist. In ihnen scheint jede Kritik abgefedert, aufgesogen und verschluckt zu werden.

Lebenslänglich: Infantilisierung, Mißtrauen und Zeitopfer

> Kein Wort im Evangelio ist mehr
> in unseren Tagen befolgt worden,
> als das:
> WERDET WIE DIE KINDLEIN.
>
> *(G. C. Lichtenberg)*

Weil sich die Dinge wandeln – was sie immer getan haben –, weil das Wissen explodiert – was es nie tun wird –, weil die Menschen so orientierungsbedürftig geworden sind – was eine Unterstellung ist –, sei weitere und permanente Schulung nötig. Sie wird von pädagogischen Animateuren aus den Reklame-, Ratgeber- und Belehrungsbranchen reklamiert und besorgt. Sie behaupten zu wissen, wo es langgeht.

Die lebenslange Erfahrbarkeit der Welt – man lernt ja nie aus – wird zum lebenslänglichen Lernprozeß umdefiniert. In entsprechenden Programmen werden Bildungs-Waren therapeutisch verplant und vermarktet. Diesen Arzneien kann sich kaum entziehen, wer auf Deck und fit bleiben will. Die gefeierte Informationsgesellschaft stellt sich als entmündigende Belehrungsgesellschaft heraus. Sie produziert Dauerlehrlinge.

Als Tendenz kann ich weniger das beklagte «Verschwinden der Kindheit» (Postman) erkennen als vielmehr die regressive Verkindlichung, also Infantilisierung der Erwachsenen. Diese Tendenz läßt sich in vielen Phänomenen ausmachen; beispielsweise im unerbittlichen Jugendkult der sogenannten Erwachsenen; in der späten oder ausfallenden Selbständigkeit einiger Jungen genauso wie in der viel zu frühen Aussetzung anderer in die rauhe Wirklichkeit, der sie noch nicht gewachsen sein können, in der sehnsüchtigen Abhängigkeit fast aller von der Mutterbrust des Marktes (s. Kap. «Marktbildung») und in den aufgeregten Versuchen der meisten Jungen, (bloß nicht) erwachsen zu werden. Sie zeigt sich auch in der Ausweitung von Beratungs-, Lehrgangs-, Vermittlungs-, Informations- und Therapieangeboten. Die Nachfrage scheint inzwischen zu existieren, sonst könnten es die Anbieter nicht. Das verweist auf eine wirkliche Notlage der Ratsuchenden. Ich frage mich aber, ob sie nicht auch durch das Angebot der unabweisbaren Helfer befördert worden sein könnte. Mir scheint, die gutgemeinte «Hilfe zur Selbsthilfe» dürfte zuerst den Helfern selbst geholfen haben (s. Kap. «Expertenwahn»). Zumindest aber sind die Helfer zu Entsorgern einer gesellschaftlichen Umwelt geworden, in der die Probleme eigentlich gelöst werden müßten, die auf dem ratgebenden Markt nur individualisiert behandelt werden können.

Die Grenzen zwischen Therapie, Pädagogik und Gebrauchsanweisung haben sich in der infantilen Belehrungsgesellschaft verwischt. Dafür mag es viele Gründe geben. Ich will einem nachgehen, der in den Bildungsinstitutionen besonders wirksam ist. Er hört auf den Namen: Mißtrauen. Die Belehrer gehen offensichtlich davon aus, daß die einzelnen Menschen nicht selbst klug, fähig und weise werden wollen oder können, daß sie nicht neugierig genug sind, die Welt und sich in Erfahrung zu bringen. Also enthalten sie ihnen die Mittel eigener Bildung vor, erklären sie zu bildungsbedürftigen Halbfertigfabrikaten und sich zu Vollendern der unvollkommenen Schöpfung.

Der Bildungswahn von Lernprozeßplanern besteht in dem Glauben, man könne die Bildung anderer planmäßig und geschlossen wie in einem Produktionsprozeß organisieren, bis hin zur Überprüfung und Kontrolle ihres Erfolges. Sie trauen sich alles und den generativen Nachfolgern nichts zu. Dabei beweist jede «Fünf», die sie geben, und jeder Durchfall, den sie in ihren Schulen zulassen, nichts anderes als eine pädagogische Unfähigkeit zum kritischen Dialog mit ihren Schülern. Mich verwundert es nicht, daß diese angesichts der Verweigerung von Zuwendung und vertrauensvoller Distanz rabiat werden und sich selbst verweigern.

Ich halte die überorganisierten Lernprozesse mit Zensuren und allen Schikanen für eine staatliche und wissenschaftlich verklärte Mißtrauenserklärung gegenüber der nachfolgenden Generation. Ihre Verfechter verstecken sich oftmals hinter Institutionen. Sie scheinen Angst zu haben, daß die Jungen nicht so werden, wie sie selbst schließlich geworden sind. Die

Sorge ist begründet und läßt sich curricular auch nicht wegplanen. Die Wurzeln stecken tiefer, als Pädagogik graben sollte. Sie hätte von einer Einsicht auszugehen, die in der großen Weltliteratur ausgedrückt ist: Kinder müssen anders werden können als ihre Eltern, wenn sie nicht verrückt werden sollen.

Mit dem Glücksversprechen erfolgreicher Schul- und Weiterbildung werden die Prozeduren der Lernprozesse den jungen Menschen gegenüber noch immer gerechtfertigt: «Jeder ist seines Glückes Schmied. Du wirst schon sehen, wofür das gut ist. Was Hänschen nicht lernt, lernt Hans nimmermehr.» Angesichts der wirklichen Aussichten auf das, was man Leben nennt, klingen solche Begründungen nur dürftig. «Was Hans uns lehrt, nützt Hänschen nimmermehr», sagen die Jungen und lernen in ihrem beschädigten Leben. Das ist nicht nur zu ihrem Besten, denn vieles von dem, was wichtig wäre, kommt darin nicht mehr vor.

In den Schulen soll noch immer für ein Leben gelernt werden, das viel zu oft nur versprochen wird. Diese Tatsache macht die alte Frage Schleiermachers von 1826 aktuell: Ob es denn moralisch zu rechtfertigen sei, den Augenblick im Leben eines jungen Menschen der Zukunft zu opfern – vor allem dann, wenn das damit verbundene Versprechen voraussichtlich unerfüllt bleiben wird? Er wollte das Zeitopfer für die Zukunft im gelebten Moment der Gegenwart aufgehoben wissen. Im zweckfreien Spiel können Anstrengung und Entspannung, Ernst und Lust, Inhalt und Form, Lernen, Üben und Können, Satz und Gegensatz in gemeinsamer Tätigkeit versammelt werden. Darin sah Schleiermacher, ähnlich wie Schiller, eine Möglichkeit der Bildung in Freiheit.

Mir gefällt diese romantische Provokation wider den tierischen Pädagogenernst und die Herrschaft der Zwecke. Ihre

Annahme in der Praxis würde den Kindern sehr entgegenkommen. Im Spielen sind sie die Meister, und wir könnten bei ihnen in die Lehre gehen, wie sie bei uns, wenn wir ihnen etwas beizubringen haben, was sie in ihrer Welt nicht erfahren können.

Zwischen den Generationen

«'o munno cagna»
Alle paar tausend Jahre jedoch
geht die Welt unter.
Zwischen uns beiden – ich 50 Jahre alt und du 15 –
steht ein solcher Weltuntergang

(P. P. Pasolini an Gennariello 1975)

Dachschaden in der Natur der Sache

«Wir haben also dreierlei Lehrer», schrieb Jean-Jacques Rousseau: «Die Natur oder die Menschen oder die Dinge erziehen uns.» Was er 1762 so eindeutig auseinanderhalten mochte, scheint gegenwärtig in einer allumfassenden Verdinglichung lebendiger Bezüge zu verschwimmen. Die andauernde Herrschaft von Menschen über ihres Ungleichen und über die Natur verschwimmt im Nebel einer Herrschaft der gemachten Dinge, Sachzwänge, Waren, Produktionsmittel, «Restrisiken». Sind sie allein als unsere Lehrer übriggeblieben?

Nach der äußeren Disziplinierung der Menschen durch physischen Zwang und Sublimierung könnte es soweit sein, daß ein Regime «natürlicher Sachzwänge» unsere innere Kolonisierung betreibt. In einem gar nicht so heimlichen Lehrplan der Zivilisation ist eingeschrieben, was die Menschen zu lernen haben, wie sie zu sein haben, weil es gebieterisch «in der Natur der Sache liegt».

Was wir als Menschenwerk, als Geschichte begreifen wollten, wird unter der zweiten Hand naturalisiert, als Natur erfahren oder gar erlebt. Diese gemachte Natur der Sachen erteilt ihre Lehren natürlich mit «natürlicher Autorität». Sie liegen auch in gedruckter Form vor: Programme, Verordnungen, Kommentare und Kataloge, vor allem aber Ratgeber, Reklame und Gebrauchsanweisungen sind die pädagogischen Bestseller der neuen Zeit. Ihre Autoren treten nicht als Pädagogen auf. So dumm wären sie nie. Sie verschwinden meist namenlos in der Sache, die sie nur verkaufen, präsentieren, erläutern, voraussetzen, deren Sprachrohre sie geworden sind. In dieser Literatur geht es natürlich nicht um die Erkenntnis des Schönen, Guten und Wahren, sondern – wie sicher schon Karl Marx gesagt hätte – um den Umgang mit den schönen guten Waren.

Möglicherweise ist jetzt das Kaufhaus die integrierte Gesamtschule der Nation für eine ganz gemeine Bildung. Ohne jede Schulpflicht setzen wir uns auf den Warenmärkten dem pädagogischen Furor aus, genießen ihn sogar, sofern das Geld zur Teilnahme an seinem Erziehungsprogramm ausreicht. Reicht es nicht zur Aneignung der Werte aus dem Angebot, bleibt man sitzen. Die Sitzenbleiber, deren Anteil zunimmt, resignieren oder stehen auf, suchen Heil und Werte bei politischen Ideologen und sind stolz auf ihr Vaterland, das ihnen vorenthält, wofür sie gegen sich und ihresgleichen kämpfen: Ware und Liebe. Sie folgen den gleichen Lehren der Dinge wie ihre integrierten Kollegen, nur im Schattenbild.

Den jungen Generationen scheint die neue pädagogische Sprache der Dinge ganz normal und verständlich zu sein. «Es ist, wie es ist – und es gibt, was es gibt», sagen sie den alten Vers auf. Doch was es gibt und was ist, ist nicht das, was war und hätte werden können. Die Jungen heute folgen den Lehren der Dinge, als sei es nie anders gewesen. Und für sie ist es auch nie anders gewesen. Sie sind auf diese Lehren angewiesen, weil die alte Generation nichts Vergleichbares, nichts Besseres zu bieten hat. Deren Erfahrung zählt nichts mehr, sie zahlt sich nicht aus. So wird der Umgang der Jungen mit den neuen Dingen zum Umgang der Dinge mit ihnen.

Für die veralterte Generation und ihre Bildungsmacht könnte das bedeuten, daß sie in den Sachen, Sachzwängen und Sachschäden untergetaucht ist, die sie selber geschaffen hat, in denen sie jetzt nur noch schwimmt, reagiert, repariert, interpretiert. Wie sollte sie in dieser Lage ihre Kinder noch verstehen oder sie gar etwas lehren?

Sollte an diesen – hoffentlich maßlos übertriebenen Überlegungen etwas dran sein, hätte es weitreichende Konsequenzen für Theorie und Praxis der Bildung: Die neuen Dinge wären quasi als lehrende Subjekte im Lebenszusammenhang der Jungen zu begreifen, in denen die Erwachsenen samt ihren Erfahrungen verdinglicht eingegangen sind. Als Frage hieße das: Können wir uns künftig noch als Subjekte gegenüber der «Natur der Sache» in Freiheit mit Vernunft, Gemein- und Eigensinn benehmen? Daß dies gelingen möge, war ja eine der großen Hoffnungen, die sich mit der Bildung des werdenden Subjekts verbanden. Ihr bin ich noch immer verbunden.

Die Sprache der Dinge

Lehren und Lernen geschah vor allem zwischen den Generationen. Die Alten gaben ihre Erfahrung, ihr Wissen, ihre Einsicht an die Jungen weiter, und diese taten später das gleiche. Die ältere Generation, das waren Eltern, Lehrer, Meister, aber auch die gewordenen Dinge, die sich alle als mächtige Tradition und Geschichte den neuen Generationen halbwegs verläßlich gegenübergestellt haben. In dem Maße, wie heutige Menschen in ihren Produkten entschwinden, ohnmächtig sind und zurücktreten, werden die Dinge und die Verhältnisse selbst zu den wichtigsten Lehrern nachfolgender Generationen. Die Erfahrungen der Älteren, und damit die alten Menschen selbst, werden entwertet.

Bisher glaubte ich, davon ausgehen zu können, daß die direkten Lehren der Dinge, daß ihre Sprachen im Prinzip für alle Menschen einer Region ungefähr gleich verständlich waren, wenn sie auch in unterschiedlichen Klassen und Etagen der Gesellschaft, zwischen Männern und Frauen, zwischen Kindern und Erwachsenen Verschiedenes bedeuten konnten. Darüber war Verständigung möglich, denn die Dinge änderten sich nur langsam.

Nun könnte es sein, daß die Dinge quantitativ und qualitativ so verändert worden sind, daß ihre alte Sprache für die junge Generation so unverständlich geworden ist wie für uns die neue, in der sie heute zu den jungen Leuten sprechen. Wenn das stimmt, könnten wir uns zwischen den Generationen nur noch schwer verständigen. Während ich in den gemachten Dingen noch die Erfinder und die Hände derer sehe, die sie hervorgebracht haben – auch wenn sie schon industriell als Waren unter brutalen Bedingungen produziert wurden –, sind sie für die Jungen ganz einfach da, etwas ganz «Natürliches», etwas «Vorgesetztes». Es sind Dinge, die sich selbst ständig zu erneuern und auszudehnen scheinen, wie alles Wachsende in der Natur. So ist es kein Zufall, daß die profitträchtige Expansion einer Branche als «blühendes Wachstum eines Industriezweiges» bezeichnet wird.

Die Dinge der gemachten Welt waren für mich so etwas wie

eine zweite Natur, die ich später auch als entfremdete begreifen mußte. Für die neue Generation werden diese Dinge immer mehr zur ersten Natur, die einfach da ist; Geschichte ist naturalisiert. Diese Umdrehung wird verstärkt durch die tatsächliche industrielle Neuproduktion der Natur in Gestalt ihrer unumkehrbaren Zerstörung. Spätestens seit Tschernobyl wissen wir, daß die «natürliche Wiese» in wesentlichen Wirkungen zum chemie- und atomindustriell produzierten «Grünland» gemacht worden ist. Und das ist ja nur ein Beispiel. Die «Humanbiologen» arbeiten an keinem harmloseren.

In den Strudel der ganz natürlich erscheinenden Verdinglichung sind längst auch die Beziehungen zwischen den Menschen, zwischen den Geschlechtern und Generationen geraten. Warenform und Tauschprinzip haben sie in kapitalistischer Zuspitzung zu kalkulierten Vertragsbeziehungen und verplanten Verkehrsformen «versachlicht», als sei es immer so gewesen. Persönliche Zuständigkeit für sich und den Nächsten, Schenken und Annehmen, Sorge und Liebe auch sind immer mehr vergesellschaftet worden. Genauer, dieser einstmals «private» Bereich der Zwischen- und Mitmenschlichkeit wurde an Erziehungsinstitutionen, Kliniken, Altersheime, Versicherungen und so weiter delegiert. Darin lag Befreiung von alten, schweren Bindungen und Zumutungen, aber eben auch ein Stück Zerstörung. Konkurrenz, Neid, Existenzangst, Bindungslosigkeit, Aggression, lieblose Kälte und irrationale Identifikationswünsche sind Produkte dieser Entwicklung. Die «alten Werte» waren für die neuen Machthaber damit wertlos geworden.

Wenn deren Nachfolger nun am Ende dieses Jahrhunderts angesichts der Verwerfungen in allen Lebensbereichen über einen Werteverfall jammern und gleichzeitig ihren Risikokapitalismus als weltweit siegreiches Standardmodell ohne Alternative anpreisen, dann ist das zynisch, dumm, phantasielos oder einfach nur verrückt. Die real existierenden Katastrophen beweisen es. Wasch mir den Pelz, aber mach mich nicht naß, fordern sie. Zur Standortsicherung ihrer unverantwortlichen Mehr-Wert-Produktionen, also auch zur Wiederherstellung der sozialen Befriedung, fordern sie Tugenden, die durch die Markt-Werte, denen auch die «sozialen Sicherungssysteme» unterworfen sind, gerade abgeschafft wurden. Anders gesagt: Wer vom Kapitalismus nicht reden will, wird von Tugenden, Mehr-Wert, Raffgier und Gewalt nichts zu sagen haben. Nicht einmal die Herkunft des Wertbegriffs aus der Sprache der Ökonomie und seine problematische Übertragung auf Ethik und Moral werden von den neuen Mehrwerterziehern bedacht.

Nun sind die Krisenerscheinungen so «brennend» und beängstigend geworden, daß sie nicht mehr weggeredet werden können. Darin liegt noch eine Chance, die nicht gerade laute Stimme der Vernunft, der Bildung und der Freundlichkeit zu Gehör zu bringen.

Die monströs veränderten Dinge und die verdinglicht entfremdeten Beziehungen zwischen den Menschen bedeuten mehr als nur einen Vertragsbruch im Verhältnis der Generationen. Sie sind eine kollektive, unzumutbare Erbschaft unserer und voriger Generationen. Von der Gnade der späten Geburt wird keine Rede mehr sein können.

Wie dieses Erbe aussieht und welche sozialen Folgen es jetzt schon zeitigt, wird gegenwärtig diskutiert: unermeßliche Schulden, eine versaute Natur, eine wildgewordene Ökonomie, irritierte, verunsicherte, einsame, bedrohte oder gewalttätige Menschen, Familien ohne Interesse, soziale Gruppen, die als Sozial-, Erziehungs-, Über- und Altlast diffamiert werden, eine unvorstellbare Abhängigkeit von Märkten, Versorgungssystemen und ihren Experten. Eine soziale Kältemaschinerie wurde installiert, als könne man damit den «Treibhauseffekt» bekämpfen. Diese schamlos oktroyierte Erbschaft könnte zum Krieg der Jungen gegen die Erblasser führen.

Hier ist nicht der Ort, das Generationendrama in seiner sozialen Sprengkraft zu analysieren. (Das ist auch schon überzeugend gemacht worden von Reimer Gronemeyer in «Entfernung vom Wolfsrudel», Frankfurt am Main 1991, und ders. mit Götz Eisenberg in «Jugend und Gewalt», Reinbek 1993.) Mich interessiert hier die Veränderung der pädagogischen Landschaft durch den Jahrtausendbruch zwischen den Generationen.

In gewisser Weise schreibe ich mit meinen 55 Jahren bereits als philosophierendes Handwerkerfossil unter einer neuen Eiszeitdecke. Die kommt mir dicker vor als die über meiner Jugend, die ja auch nicht aus Pappe war. Freundesgespräche und Liebe spenden unter ihr erstaunlich viel Wärme. Nicht daß wir hofften, durch unser kuschliges Feuer das Eis zu schmelzen. Aber immerhin sind wir nicht die einzigen, die sich so altmodisch benehmen.

«Manchmal ist sogar ein freundliches Gesicht ansteckend und knackt ein psychosoziales Immunsystem.» Das stimmt; Studienanfänger in meinem pädagogischen Seminar haben diesen Satz durch empirisch-experimentelle, ethnologische Feldforschung in den Studiengängen – gemeint waren Uni-Flure – herausgefunden. Das läßt hoffen: 1. weil es so ist und 2. weil neunzehnjährige «Zombis» – wie einige meiner Kollegen die jungen Leute inzwischen zu nennen pflegen – ihr Forschungsergebnis so beglückend erfreulich finden.

Die Jungen werden die Erbschaft ablehnen – soweit das nach dem Bürgerlichen Gesetzbuch möglich ist – und dennoch mit ihr leben müssen, wie auch immer. Das Diktat ist längst aufgesetzt. Aber wir haben keine Ahnung, welche neuen Kompetenzen sie befähigen könnten, aus der Hinterlassenschaft eine freundliche Gegenwart und Zukunft zu entwerfen und zu gestalten. Es gibt jedenfalls keine Nullstunde, nach der alles anders wird. Erst mal stolpert die sogenannte Entwicklung weiter: immer bergab, wie es scheint. Es gibt auch kein Subjekt, das persönlich habhaft gemacht werden könnte. Nicht einmal einen richtigen Tatort gibt es, wenn der überall ist.

Gleichwohl bleibe ich wider schlechteres Wissen in folgender antiquierter Vorstellung befangen: Das Subjekt jeder Veränderung – ob gut oder schlecht – ist ein Subjekt, und der Tatort ist der Ort, an dem es handelt. Das gilt für die Bildung allemal, sofern die noch eine Rolle spielen kann, was ich ja hoffe. Sie ist eine ganz persönliche Angelegenheit zwischen denen, die sich bilden, eine Haltung, eine Geistesverfassung. Keinen Curriculumexperten und Qualifikationsverwerter geht sie etwas an. Da ich wenig darüber weiß, wie die Jungen mit den Ergebnissen des Jahrtausendbruchs umgehen, müßte ich mich in die Rolle des «fremdverstehenden» Ethnologen begeben, um eine neue Ethnie zu beschreiben. Das wäre unwürdig.

Also versuche ich, aufmerksam zu sein, dort, wo ich mit Jüngeren zu tun habe, stelle Fragen, konfrontiere sie mit meinen Gedanken und rede oder schreibe darüber. Mich interessiert beispielsweise, wie sie mit zerfallenden Familienbindungen umgehen, ob ihre Freundesgruppen ihnen vielleicht mehr Kraft geben können als die alten Bindungen und so weiter. Eigentlich können wir über alles sprechen und uns bei den sozialen Fragen sogar verständigen.

Ganz anders scheint es mir beim Umgang mit den mächtigen Dingen und Sachzwängen zu sein, die ja zu ihren wichtigsten Lehrern geworden sind. Deshalb reite ich auch so auf ihnen herum. Sie haben die Jungen völlig neu, bis in die Sprache «ausgestattet». Sie wachsen mit Geräten auf, die völlig andere Möglichkeiten und Gefahren «verkörpern» als die Spiel- und Handwerkzeuge meiner Kindheit und Jugend. Während ich beispielsweise mein erstes Telefon mit 27 Jahren im Zimmer stehen hatte, haben sie schon mit fünf Jahren die erste Kommunikationskinderkrankheit «Telefonitis» überstanden (s. Kap. «Elektrifizierung der Sprache»).

Ich halte nichts von dem abendländischen Abgesang auf die Jugend, der in schlechter Regelmäßigkeit und zur Zeit wieder besonders laut angestimmt wird. Wahrscheinlich sind die Jungen weder dümmer noch gewalttätiger oder sonstwie schlechter als diejenigen, die sie in eine ziemlich schwierige Lage gebracht haben. Sie müssen die Fähigkeit, mit dieser Lage fertig zu werden, oft einsam erwerben – das hat seinen sozialen Preis. Aber wer weiß schon, wer DIE Kinder und Jugendlichen sind, was sie fühlen, denken und können? Was mich betrifft, so will ich eine freundliche Fremdheit bewahren, den Dialog suchen und ihre Fähigkeiten kennenlernen und unterstützen.

Mir geht es ähnlich wie dem fünfzigjährigen P. P. Pasolini, der 1975 an einen erdachten fünfzehnjährigen Jungen aus Neapel schrieb: «Der wesentliche Punkt ist der: meine Kultur (mit ihrem ganzen Ästhetizismus) zwingt mich zur Kritik an den modernen ‹Dingen›, sofern ich sie als sprachliche Zeichen verstehe. Deine Kultur dagegen läßt dich die modernen Dinge als etwas ganz Natürliches akzeptieren und läßt dich ihren Lehren zuhören, als wären sie etwas Absolutes» (P. P. Pasolini, Das Herz der Vernunft, Gennariello, Berlin 1986).

Sollte das mehr als ein Privatproblem sein – was ich annehme –, dann wäre der pädagogische Dialog zwischen den Generationen über die Dinge sprachlos in Frage gestellt. Wie können wir lehren, was wir nicht lernen? Die Dinge reden; und wir schweigen in zwei Fremdsprachen. Wo die gemachte Welt als «ganz natürlich» erscheint, müßte der Schein zweimal durchbrochen werden, wenn Erkenntnis aufleuchten soll. So hätte Bildung mehr denn je auf den Schein der Dinge und Verhältnisse sich zu beziehen. Der Schein ist den Sinnen zugänglich und das Fluidum, in dem wir leben. Aber es werden Rückübersetzungen notwendig sein: von «Natur» in Geschichte und Gegenwart.

Solche Rückübersetzungen werden von kritischen Bürgerbewegungen (besonders im ökologischen Bereich) ganz praktisch betrieben. Den Institutionen der Bildung stehen sie noch bevor. Sie sind auch in jedem Dialog zwischen den Generationen zur Verständigung notwendig. Deshalb ist der nächste Abschnitt der Bildung der Sinne gewidmet (ausführlich in J. Beck, Heide Wellershoff: SinnesWandel, Frankfurt/M. 1989).

Die Dinge und die Bildung der Sinne

Wo Bildung im Umgang mit Dingen geschieht, sind diese als Inhalte der Sinneswahrnehmung, als Zeichen der Erkenntnis und als Werkzeuge des Ausdrucks – die neue Eindrücke schaffen – wirksam. In den Wirkungen der Dinge kann ihre Sprache entdeckt werden. Eine Ahnung von der hier unterstellten Subjekthaftigkeit der Dinge enthält unsere Sprache. In ihr haben sie Geschlecht, sind Subjekte im Satz und tun etwas: Die Dinge kommen auf uns zu, nehmen ihren Lauf, machen uns arm oder reich und können ansprechend oder abstoßend sein. Die Reklamedichter verwerten diese Eigenart, um Fetisch und Magie der Waren zur Geltung zu bringen. «Du darfst!» sagt die Leberwurst; «Ich bin dein gutes Gewissen», beteuert das Waschpulver; und aus den Cola-Flaschen sprechen die Blasen: «Wir machen euch kalt!» Sie wollen nur unser Bestes.

Die Dinge tun etwas mit uns. Keinesfalls sind sie nur Objekte. Ihre Sprache zu entziffern war schon immer die Tätigkeit der Sinne vom Begreifen zum Begriff hin, vom Blick zum Durchblick, vom Fühlen zum Wollen, vom Hören zum Sagen und umgekehrt. Unsere Sinne ermöglichen die Vermittlung der wahrnehmbaren Wirklichkeit mit unserem Empfindungs-, Vorstellungs-, Erkenntnis- und Gestaltungsvermögen (Kant). Dies ist als gemeinsame körperliche Tätigkeit aller Sinne mit Geist und Seele zu begreifen. Die Sinne verhalten sich dabei nicht als neutrale Wahrnehmer oder gar nur als «Rezeptoren» (wie manche Physiologen und Psychologen noch immer behaupten). Sie sind zugleich Kritiker und Genießer, Wahrnehmer, Warner, Gestalter und Künstler in einer Wirklichkeit, der wir angehören. Augen können nicht nur sehen, ihre Blicke können auch etwas bewirken. Hände können nicht nur fühlen und tasten, sie können «begreifen», streicheln, schlagen, ergreifen und gestalten, aber auch ruhen.

Die Bildung der Sinne geschieht im Umgang mit unserer Wirklichkeit. Zu ihr können wir uns in glücklicher Weise nur menschlich verhalten, wenn sich diese Wirklichkeit menschlich zu uns verhält. So gesehen, entfalten wir mögliche Bildung – auch der Sinne –, wenn wir die Dinge und Verhältnisse, dort wo wir sind, menschlich gestalten. Solche Bemühungen sind in der Menschheitsgeschichte wirksam geworden, ständig bedroht, gelungen, verändert und verhindert zugleich. «Die Bildung der fünf Sinne ist eine Arbeit der ganzen bisherigen Weltgeschichte», meinte Karl Marx. Es will mir scheinen, als müsse diese Bildung gegenwärtig zugleich als Behinderung dargestellt werden.

Diese «Weltgeschichte» hat uns heute in eine Situation geführt, in der nicht nur von einigen postmodernen Schlaumeiern vom «Schwinden der Sinne» und vom «Verschwinden der Wirklichkeit» und allen Sinns geredet wird. «Simulation» – beispielsweise in Gestalt der Medienwirklichkeit – trete an die Stelle der «unmittelbaren» Realität. Ganz ohne Witz ist das nicht; obwohl ich nicht glaube, daß jemand einen Verkehrsunfall im Fernsehen mit seinem eigenen verwechseln wird. Auch war die Realität niemals unmittelbar, sondern immer durch unser Sinnes-, Vorstellungs- und Einbildungsvermögen vermittelt. Diese «Simulation» stolpert schon vor unserem kleinen Alltag.

Auf der Weltbühne scheint sie allerdings ihre Rolle zu spielen. Der monströs inszenierte und ästhetisch aufgeblasene Schein, in welchem sich Politik, Technik, Kultur und Warenwelt «glaubwürdig darstellen» wollen, stellt unsere Sinnestätigkeit, Vorstellungskraft, Erkenntnisfähigkeit und unser Unterscheidungsvermögen vor neue, hausgemachte Zumutungen. Selbst wenn ich «abschalte», laufen die einschaltquotierten Programme ungeniert weiter; und das sind eben nicht nur die der Television. «Ohne mich» gibt es nicht (das könnte sogar als Hoffnung interpretiert werden). «Ich habe es nicht gewußt» gilt nicht mehr: «Du hättest es mit eigenen Augen fernsehen können, wenn du nicht abgeschaltet hättest.» Das ist Glasnost im Kapitalismus: Wissen ist (Ohn)Macht. Macht nix?

Der televisionäre Teilnahmezwang am laufenden Programm der Sinnlosigkeit erscheint mir harmlos gegenüber den Veränderungen der Dinge selbst. Sie ergeben ein neues

Bild der Welt. Aber nicht weil die «Konstruktion der Wirklichkeit» nur im Kopf stattfinden würde, sondern weil die Wirklichkeit wirklich konstruiert wird. Sie übertrifft unsere Vorstellungen bei weitem.

Angesichts der Folgen einer wildgewordenen Ökonomie finden sich unsere Sinnes- und Vorstellungskräfte in einer antiquierten Lage nicht mehr ein. Seit Bekanntgabe der organisierten Atomverbrechen wissen es einige Leute mehr, daß man es nicht sehen, hören, riechen, schmecken und fühlen kann. Aber es ist da. Erst nach Jahren und Generationen wird als «Krankheit» fühlbar und sichtbar, was geschehen gemacht worden ist. Die schlechten Beispiele vermehren sich leider wie die Nachrichten auf allen Kanälen.

Meßinstrumente privilegierter Experten werden jetzt unsere Sinne entsorgen, die einst vor selbstgemachten Gefahren warnen konnten. Der Glaube an die expertokratisch geadelten Institutionen soll den an unsere eigenen Fähigkeiten ersetzen. Diese «Fürsorge» verstehe ich als Körperverletzung und Entmachtung durch die Betreiber einer mörderischen und kurzfristig profitablen Maschinerie. Sie machen noch die enteignende «Fürsorge» zum menschenfreundlich erscheinenden Geschäft.

Waren die Menschen einst Produzenten der Maschinerie, so wurden sie bald deren Anhängsel, um heute als ihre Produkte zu funktionieren. Das ist ein unerhörter, unvorstellbarer Vorgang. Er könnte auch bewirken, daß unsere Sinne auf Schmerz- und Lustmacher reduziert werden, wenn sie als Genießer, Kritiker und Gestalter zum Verstummen gebracht oder in museale Reservate der sogenannten Kultur verbannt worden sind.

Wie wäre diesem Regime der Sachzwänge zu widerstehen? Mit «Abschalten» allein ist es schon nicht mehr getan. Die neuen Dinge haben die Welt verändert. «Wir haben diese Veränderungen auch zu interpretieren. Und zwar, um diese zu verändern. Damit sich die Welt nicht weiter ohne uns verändere. Und nicht schließlich in eine Welt ohne uns.» (G. Anders)

Dazu wird unser Verstand bei Sinnen und die Sinne bei Verstand sein müssen.

Vom alltäglichen pädagogischen Furor

> Das Leben zwingt den Menschen
> zu allerlei freiwilligen Handlungen.
> *(S. J. Lec)*

Landkarte ohne Legende

Die gemachten Dinge und Zustände seien zu unseren wichtigsten Lehrern geworden, schrieb ich. Nun sollen wenigstens einige dieser pädagogischen Angreifer, ihre Wirkungen und Gegenwirkungen näher betrachtet werden.

Gerne würde ich die Landkarte der Labyrinthe einer Pädagogischen Weltrepublik zeichnen, um den Angriffen ihres Inventars besser ausweichen oder begegnen zu können. Doch fehlen die kartographischen Vorarbeiten. Aus meiner Sicht sind der große Süden und der dunkle Untergrund im Norden pädagogisch unerforscht; das mag auch seine Richtigkeit haben. Über die Höhenschichtung in beiden Gebieten sind wir besser informiert. Über einige Vernetzungen durch Straßen, Völkerwanderungen und Kabel wissen wir recht gut Bescheid. Um die Darstellung der Tiefendimensionen in Vergangenheit und Zukunft streiten die Historiker in der Gegenwart.

Ich kann also nur Kartenausschnitte skizzieren, weil mir Luftaufnahmen des Ganzen nicht bekannt sind. Wegweiser weisen überall hin. Oft enden die Wege am Rande des Ausschnitts. Ich weiß dann weder, woher sie kommen noch wohin sie führen. Auch die Orte und viele ihrer Bewohner erscheinen manchmal isoliert, obwohl zwischen ihnen ein reger Verkehr herrscht. Auf den Wegen scheint etwas verlorengegangen zu sein. Der Tatsache, daß Kommunikation, Transport, Konsum, Produktion und Information überhaupt stattfinden, wird heute mehr Bedeutung beigemessen als der Frage, was kommuniziert, transportiert, konsumiert, produziert oder worüber informiert wird.

Die Mittel erscheinen als Zwecke, die Wege als Ziele. Die Form bestimmt keinen Inhalt mehr, sie ist der Inhalt. Das ist natürlich übertrieben formuliert. Die Menschen suchen und finden ja etwas auf den Wegen und in den Mitteln. Aber was? Vielleicht kann ich der Antwort näherkommen, wenn ich erkenne, was wir auf den eingezeichneten Wegen und in den Orten tun – oder gerade nicht tun.

Meine Stationen sind die Häuser der Arbeit, die verplanten Bildungswege, die Heimschulen des Fernsehens, die Schulen der Straßen und des Marktes. Eine erlebnispädagogische Exkursion führt uns dann in die Welt als Museum und Safaripark, dem sich im nächsten Kapitel eine sprachliche Besichtigung der Ausstattung moderner Menschen anschließt.

Arbeitserziehung: Das Leben selbst wird zum Lebensmittel

«Stadtluft macht frei» lautet ein Spruch, der heutigen – stadtsmoggeplagten – Atemgenossen nur noch ein müdes Hüsteln entringen könnte. Er hat kaum bessere Zeiten gesehen, damals, als er Flucht und Vertreibung aus Haus, Hof und Leibeigenschaft erleichtern sollte. Er wäre auch vor fünfhundert Jahren, als das moderne Erziehungsunternehmen zur Herstellung neuer Menschen zu arbeiten begann, nicht widerspruchslos aufgesagt worden.

Im 16. Jahrhundert wurden zuerst in England und den Niederlanden, später auch in Deutschland Arbeitshäuser eingerichtet. In ihnen sollten Herumstreunen, unchristlicher Lebenswandel und Arbeitsscheu bekämpft werden. Meist handelte es sich um freigesetzte Landflüchtlinge, die als «Wirtschaftsasylanten» in die Städte drängten und dort der Zucht unterworfen wurden.

Im Arbeitshaus zu Amsterdam gab es für besonders renitente Zöglinge, die sich nicht durch fromme Sprüche oder den kargen Lohn erziehen und verbessern lassen wollten, ein Pumpenhaus. Des Widerspenstigen Zähmung fand im Wasser statt. Das Wasser stand dem Uneinsichtigen bis zum Halse, und es stieg. Er konnte sich am Leben halten, indem er fleißig pumpte. Es floß immer so viel Wasser nach, wie er herauspumpen konnte. Der Gezüchtigte mußte sich also erziehen lassen, mit dem Ziel, den eigenen Untergang durch fremdbestimmte Arbeit zu verhindern. Leben bedeutete jetzt für ihn, kräftig zu pumpen, um das Wasser unter dem Hals zu halten. Aber er konnte es niemals auspumpen. Erlösung von dem Übel, nicht Befreiung, versprachen nur noch die Zuchtmeister. So lernte er den Sinn einer «für sich» sinnlosen Arbeit und seine Abhängigkeit von Vorgesetzten kennen.

Das «Lernziel» lag in der lebenspraktischen Einsicht, daß sinnlose oder dem Arbeiter gleichgültige Arbeit nach Zeit und Vorschrift einen gewissen Lohnerfolg verspricht und ihn am Leben erhalten kann. Das Leben wird damit selbst zum Lebensmittel. Vielleicht liegt in dieser Enteignung der Lebenszeit für fremde Zwecke der eigentliche «Sinn» der Arbeitserziehung. Die neue Zweck-Mittel-Rationalität wurde Mensch und Natur übergestülpt. Gerade dadurch wurde sie irrational, zynisch und grausam. Ich muß sie als Paradigma der industrialisierten Produktion neuer Menschen verstehen. Sie war in utopischen Entwürfen pädagogischer Republiken schon vorgedacht. In den Arbeitslagern, Manufakturen, Bergwerken, Fabriken, Gettos, Schulen und Kasernen wurde sie «realisiert». In totalitären Parteistaaten sollte die Erschaffung neuer Menschen durch allumfassende Erziehung von der Wiege bis zur Bahre den Weg ins Paradies bereiten. Die Ergebnisse all dieser Versuche erkennen wir auch in uns selbst. Vielleicht werden die Zuchtversuche einiger «Humanbiologen», die dem gleichen Paradigma folgen, endgültigere Lösungen finden, wenn wir ihnen nicht rechtzeitig das Handwerk legen.

In seine entsetzlichste Konsequenz wurde die Verzwekkung von Menschen durch die Nazis getrieben. In der industriellen Vernichtung von Millionen als Abfall deklarierter Menschen zur Produktion einer «Herrenrasse» sollte noch der barbarische Zweck die Mittel heiligen. Die Mittel waren die Ermordeten selbst. Über dem Tor des grauenhaften Lagers in Auschwitz steht: «Arbeit macht frei.»

Die finsteren Seiten in der Geschichte der Arbeitserziehung sollten in den reformpädagogischen Hoffnungen nicht verdrängt werden, die sich an den Zusammenhang von «Leben–Lernen–Arbeiten» knüpfen. Ihre brutalste Vereinigung erfuhr diese Dreieinigkeit in den Zuchtanstalten, Arbeits- und Konzentrationslagern. Und doch enthält die Wortverbindung ein Versprechen, dem seine freundliche Einlösung noch verweigert bleibt. Nur wenigen Gruppen und Projekten ist es in pädagogischen Provinzen zeitweilig gelungen, zu zeigen, daß es zwar kein richtiges Leben im falschen, wohl aber ein besseres als nur ein falsches geben kann.

Das Besondere an solchen Versuchen ist die Selbstverständlichkeit, mit der die Beteiligten weder sich noch andere zum Mittel für fremde Zwecke funktionalisieren, also mißbrauchen, mit der sie sich verständigen über sich und darüber, was sie wie gemeinsam tun wollen, auf daß sie sich ohne das große «Um zu» einander zuwenden können.

Heute erscheint die Gesellschaft so durchorganisiert, daß die An- und Einpassung der Menschen durch die Verhältnisse, aber auch durch sie selbst besorgt wird. Die Mittel dieser heimlichen «Erziehungs- und Bildungsarbeit» der Gesellschaft sind durchaus materieller Art. Meist handelt es sich um Waren, die wir selbst kaufen wollen oder müssen. Ihr Besitz oder Nichtbesitz, ihre Erreichbarkeit oder Nichterreichbarkeit erziehen wirksamer, als ideologische oder martialische Schulungen es vermöchten.

Was wird beispielsweise durch den Besitz oder Nichtbesitz eines Arbeitsplatzes gelernt, was an diesem Arbeitsplatz oder in der Arbeitslosigkeit? Welchen Bildungswert hat die Kündigung eines Jobs oder einer Wohnung? Was wird durch die Vorgaben einer Drei-Zimmer-Hochhauswohnung gelernt? Welche Bildung des Körpers und der Vorstellungen erfolgen durch die Organisation der Zimmer, welche durch Haus-, Hof-, Park- und Spielplatzordnungen?

Bildschirmbildung

Wenn es nach dem Zweiten Weltkrieg eine «Bildungsreform» gegeben hat, in der Chancengleichheit für alle verwirklicht wurde, dann war dies die Einführung des öffentlichen und recht mäßigen Fernsehens. Die allgemeine Bildschirmbildung hat durch die Verbreitung von Computern und Videogeräten mit all ihren Programmen und Nebenwirkungen noch eine dramatische Steigerung erfahren. Diese Bildungsrevolution ist völlig demokratisch und staatskostenneutral von Eltern, Kindern, Singles und Lehrern bezahlt und gewollt worden. Sie ist mit Hilfe unserer erfinderischen Industrien und ihrer Medienkünstler zustande gekommen. Soviel Einheit war nie.

Die Bildschirmrevolution hat uns alle in einer programmdifferenzierten integrierten Gesamtheimschule vereinigt. Ihr gegenüber bleibt selbst das Kaufhaus als antiquierte Lehranstalt zurück, in der man noch persönlich erscheinen muß, wenn man die Einkäufe nicht über Bildschirm und Telefon tätigt. Die Revolution ist – wie üblich – über das Ziel geschossen und hat das Unterste nach oben gekehrt. Nachweislich verbringen die sonst so benachteiligten «unteren Einkommensschichten», inklusive Oma und Enkel, mehr Zeit vor dem Bildungsschirm als privilegiertere Kreise. Nur der Personal Computer verschafft rein zeitlich eine gewisse kompensatorische Ausgleichserziehung für die höheren Bildungsschirmbürger.

Wenn ich recht sehe, halten viele Medienkritiker die elektronischen Zeilen auf den Bildschirmen, die als Filme oder Programme gehandelt werden, für den bedeutendsten Gegenstand der Bildschirmerziehung. Sie könnten die Menschen, Kinder vor allem, verderben, zur Brutalität verführen, ihnen ein falsches Bild der Wirklichkeit eintrichtern, ja, diese Wirklichkeit sogar ersetzen. Einer von ihnen meinte sogar: «Wir amüsieren uns zu Tode» (N. Postman). Damit wäre das Problem ja dann gelöst. Aber wer ist «wir», und sind die Programme im Medienverbund wirklich so amüsant und wirksam?

Die meisten Sendungen dürften nicht der Rede wert sein; man kann sie vergessen, und viele Empfänger tun das auch sofort nach Empfang. Sie dienen dem Abschalten von einer Realität, die den Einschaltern offensichtlich nicht viel Besseres zu bieten hat als das gewählte Programm. Sonst würden die Einschaltquoten gar nicht stattfinden. So gesehen hätte sich die Kritik den programmierten Lebensverhältnissen selbst zuzuwenden, in denen auch ein medialer Schwachsinn den Programmwählern noch als das Bessere im Schlechten erscheinen mag. Warum sollten sie sich sonst so viele Stunden aus dem Verkehr ziehen, indem sie die Glotze einschalten? Ist es Zufall, daß diejenigen am längsten vor den Schirmen sitzen, die hierzulande am wenigsten zu sagen haben, Kinder, Alte, Arbeitslose? Umgekehrt, wer etwas zu sagen hat, Wichtiges und Interessantes tun kann, ist auch damit schon beschäftigt. Privilegierte Kreise sind durch die gar nicht so «heimlichen Erzieher» eher vernachlässigt, was schon wieder zu ihrem Vorteil ist.

Was würde wohl geschehen, wenn in der nächsten Woche alle Videotheken und Sender geschlossen wären? Keine Angst, nur eine Woche lang sollte der Mediengroßversuch dauern. Und dann käme der Montag danach. Worüber würden die Kinder an diesem Morgen in der Schule sprechen? Was würde das Fernsehen in seiner Wochenschau bringen? Hätten die Leute in dieser Woche vor allem gelesen, mit ihren Kindern und sich selbst gespielt, geredet, gewerkelt, Kulturveranstaltungen und Straßen belebt? Oder wäre eine Welle aus Mord und Totschlag, Schlägen, Suff und Krach durch die Familien und Straßen getobt, begleitet von ständigen Liebes-, Sex- und Eifersuchtsszenen? In dieser Woche hätten wir ja einmal Zeit gehabt, umzusetzen, was wir über Video und Fernsehen angeblich alles gelernt haben. Hätten dann die

Medienkritiker für den Versuchsabbruch plädiert, damit alle wieder friedlich fernsehen?

Niemand kann wissen, was in so einer Woche geschehen würde. Selbstverständlich würden die Menschen sehr unterschiedlich reagieren. Sicher scheint mir aber zu sein, daß ihre «Ersatzhandlungen» nur wenig mit den Inhalten der ausgefallenen und schon gesehenen Filme zu tun hätten. Gleichwohl wären sie eine Reaktion auf den Ausfall einer ganzen Versorgungsinstitution, die das Alltagsleben lähmt, indem sie Lebendigkeit vorspielt und die Zuschauer im stundenlangen Sitzen erzieht.

Gegenüber dem Zeit- und Bewegungsentzug durch die Bildschirmversorgung erscheint mir vergleichsweise harmlos, was auf den Fernsehschirmen zu sehen ist, so schön oder widerlich es auch sein mag. Damit will ich nicht die Unterschiede in Qualität und Wirkung wegschreiben, die etwa zwischen der «Sendung mit der Maus» und «Rambo» bestehen, und auch nicht die Botschaften verharmlosen, die zwischen den Bildzeilen nicht wahrgenommen werden können.

Kinder wollen gerne nachmachen und nachspielen, was ihnen erzählt oder vorgemacht wird. Ihr mimetisches Vermögen erlaubt ihnen die spielerische Aneignung ihrer Welt. Daher besteht kein Zweifel, daß auch Horrorvideos Kinder zum Nachspielen animieren können. Das Schirmbild kann zum Vorbild werden, das zugleich eine technische Autorität ausstrahlt. Andere Kinder fürchten oder ekeln sich vor den gleichen Szenen. Aufmerksame Pädagogen wissen das schon lange. Die Horrorfilme stellen bereits eine Form der Gewalt dar. Ob sie neue Gewalt hervorbringen, ist zweifelhaft – die kommt eher aus anderen Kanälen. Sicher ist aber, daß sie Gewalt auslösen können, indem sie ihr eine nachmachbare Form geben. Die Horrorprodukte verleihen dem, was sie zeigen, eine «Legitimation», die alle Waren für sich reklamieren, die auf dem Markt ihre Bedürftigen suchen. Solange diese Bedürftigkeit nach Gewaltbildern erzeugt wird (also auch durch die Gewaltbilder selbst), werden Befriedigung versprechende Waren auch angeboten. Der Markt wird hier keine «heilenden Kräfte» entwickeln, sondern expandieren, wenn man ihn läßt und fördert wie bisher.

Demgegenüber ist Pädagogik in einer schwachen Position. Sie könnte verbessert werden, wenn die Ursachen von Gewaltphantasien und Gewaltausübung durch politische und soziale Taten bekämpft würden. Besonders die an den Rand gedrängten Kinder und Jugendlichen brauchen Bedingungen für ein aussichtsreiches Leben. Darin könnten Pädagogen sie unterstützen und ihnen Wege zu besseren, eigenen Bildern und Tätigkeiten zeigen.

Selbst wenn die Programme des Grauens von den Bildflächen verschwänden und durch «bessere» ersetzt würden, bliebe der Haupteffekt der Bildschirmerziehung erhalten. *Die «Bildungsreform», die das Fernsehen eröffnete, besteht in der Einführung des freiwilligen und vielstündigen Sitzens vor Bildschirm und Lautsprecher.* Die Teilnahme an dieser Veranstaltung versammelt alle Generationen in der Massenkommunikation, während deren sie sich nicht mehr viel zu sagen und sich nicht mehr zu sehen haben. Anders als beim Musikhören konzentriert sich die Aufmerksamkeit hierbei auf das Gerät. Die Tätigkeiten sind Sehen und Hören, Trinken, Chipsessen und eben Sitzen. Geist und Gefühl versetzen sich im Nachvollzug. Das Weltbild erscheint als viereckiger Ausschnitt auf der Mattscheibe.

Diese intensive Körpererziehung wird von den Seßhaften gewollt und selbst bezahlt mit dem Erwerb des Geräts, vor dem sie mit oder ohne Gebühr sitzen. Sie brauchen nicht mehr den Zuchtmeister oder den Lehrer, der sie auf einen Platz verweist. Er ist als Maschine gekauft worden. Das hat der Bildschirm übrigens mit dem Auto gemein, in dem man auch stundenlang sitzt und die entgegenkommende Welt vorausblickend durch die Scheibe sieht.

Das wäre ja nun alles nicht der Rede wert, wenn es sich um gelegentliche, ausgewählte Sitzungen handeln würde, so wie man einen Film-, Theater-, Ausstellungs- oder Zirkusbesuch auswählt. Einige Leute machen das auch so. Es gibt einen vernünftigen Umgang mit dem Bildschirm.

Der Rede wert erscheint mir die Bildschirmerziehung, weil sich ihre Sitzungen quantitativ so ungeheuerlich ausgeweitet haben, daß dies zu ihrer Qualität geworden ist. *Die erste Qualität* besteht in der Teilnahme einer absoluten Mehrheit der Bewohner aller angeschlossenen Länder an dem Erziehungsprogramm. Besonders Kinder drängen sich zu den Sitzungen, und die Alten sitzen vorbildlich voran. Tagesläufe werden durch Serientermine strukturiert; Verabredungen und andere Veranstaltungen richten sich danach. *Die zweite Qualität* besteht in der Dauer und Häufigkeit der Sitzungstermine. Durchschnittswerte sagen wie immer wenig. Aber die Bildschirmerziehung soll den größten Teil der arbeits- und schulaufgabenfreien Zeit beanspruchen. Da die meisten Teilnehmer schon in der Arbeitszeit seßhaft waren – Schüler zum Beispiel –, wird verständlich, warum einige in den Pausen so einen explosiven Bewegungsdrang verspüren. *Die dritte Qualität* ist für unser privates und öffentliches Leben wahrscheinlich das interessanteste Sitzungsergebnis. Auch Pädagogen könnten von ihr berührt sein, sofern sie über den Schulzaun blicken. Ich kann sie zunächst nur negativ und auch nur in einigen Fragen zusammenfassen: Was eigentlich geschieht nicht, nicht mehr oder noch nicht, während unsere Zuschauer ihre Zeit serienweise vor den Bildungsschirmen absitzen? Was alles verweigern sie sich, mir und anderen Sendezeitgenossen durch ihren Rückzug in die ersten bis letzten Reihen, in denen sie ihre Zeit aussitzen? Wie viele Briefe bleiben ungeschrieben, Bücher ungelesen, Spaziergänge ungegangen, Freunde unbesucht, Gäste nicht empfangen, Gespräche ungesprochen, Plätze und Straßen verödet – und alles nur, weil unsere Hintern sich einbilden, das Leben fände in einem Kasten statt und sie könnten darin etwas versäumen?

Die versäumten Lektionen, die dem Bildschirm geopferten Augenblicke und die besseren Möglichkeiten sind es, die ich den Sitzungsprogrammen gerne streitig machen würde, für mich, meine Freunde und für alle Kinder. Das wird nicht einfach sein, besonders nicht für pädagogische Schwarzseher.

Was mich betrifft, so hege ich den hoffnungsvollen Verdacht, daß die Programminflation auf allen Kanälen eine eigene subversive Bildungsmacht entfalten kann. Das Zapping durch alle Programme löst sie in einem auf, und das ist ein geistiges Abschaltprogramm. Wo alles gesehen werden soll, wird nichts mehr wahrgenommen.

Den höchsten Stand der Bildschirmverweigerung habe ich südlich der Alpen erlebt. Während die unerhörten Bildungsprogramme ablaufen, geht das Leben in den Kaffeehäusern ungeniert weiter. Die Leute hören und sehen gar nicht mehr hin. Selbst als Einschaltquotenvermittler wären sie untauglich. Woher sollen sie wissen, was wer wann wozu eingeschaltet haben könnte? Das Ding läuft immer, wie der Wind weht, das Wasser rauscht und die Sonne scheint. Auch hierzulande soll es leerlaufende Fernseher in Wohnzimmern geben, und keiner schaut mehr hin. Die Welt schaut uns zu. Wir sind nicht allein.

Vielleicht scheitert die Bildungsschirmreform letztlich an

der Übertreibung. Als Showpädagoge jedenfalls würde ich verzweifeln, wenn ich fernsehen müßte, was die Leute während meiner applausgesteuerten Lehrstunde alles treiben, daß sie sich vielleicht sogar miteinander «unterhalten». Nicht einmal das wäre eine Bildstörung.

Leider steht eine genauere Erforschung des heimlichen Lehrplans der Bildschirmerziehung noch aus. Auch hier winkt den pädagogischen Wissenschaftlern ein lukratives Forschungsprojekt, finanziert vielleicht von der Fernsehlotterie oder der Aktion Versorgungskind.

Verkehrserziehung

Auf dem Bürgersteig nachts um halb eins,
steht ein Bürger. Er steht ganz allein.
Weit und breit ist nichts.
Doch er traut sich nicht.
Von dem Bürgersteig nachts um halb eins.
(Hanseatisches Volksleid)

Doch dann war es soweit. Es wurde «grün». Und unser Bürger wechselte erhobenen Hauptes die Seiten der Straße. Er tat dies nicht, ohne dem schon bei «Rot» losgelaufenen «Gegenverkehr» den bösen pädagogischen Blick zugeworfen zu haben, den jeder noch halbwegs normale Verkehrsteilnehmer so gut kennt. Dies alles ereignete sich in hellichter Nacht, ohne daß ein Fahrzeug, ein aufschreibender Polizist oder ein erziehungsbedürftiges Kind den rotbeleuchteten Verkehrsübertritt unseres Bürgers hätten bedrohen können.

Ich will diese Skandalgeschichte nicht aufbauschen. Sie steht auch in keiner Bildzeitung, sondern nur an jeder Verkehrsampel. Aber ich frage, mit welchem Erziehungsprogramm es gelingen konnte, so viele Menschen zu einem derart absurden Benehmen zu veranlassen. Eine Fahrschule hat unser Fußgänger nie besucht. An der schulischen Verkehrserziehung kann es nicht gelegen haben; in der werden nur ab und zu die Regeln bekanntgegeben. Das erklärt also noch lange nicht, warum sie gerade dann so konsequent eingehalten werden, wenn sie gar nichts mehr regeln, weil ein Verkehr nicht stattfindet.

Im fließenden Verkehr der Fahrschulabsolventen sieht das schon wieder ganz anders aus. Da hat rechts vor links eine vorsichts- und rücksichtslose Vorfahrt. Die große Mehrheit verhält sich ihrer Erziehung entsprechend verkehrsgerecht. Sie steht verständig in einem Chaos, das sie selber anrichtet.

Vermutlich ist die allgemeine Automobilmachung eine der bedeutendsten und erfolgreichsten «Bildungsreformen», die in diesem Jahrhundert auf internationalem Niveau und mit hohen Kosten durchgeführt worden ist. Sie kam durch Volksentscheid, völlig ohne Verkehrspflicht zustande. Ihre Teilnehmer zeigten ein Ausmaß an Motivation, Erfolgsorientierung und Selbstbeteiligung, von dem Pädagogen in den üblichen Erziehungsinstitutionen nur träumen können.

Was wurde im Zusammenhang mit dieser Entwicklung alles gelernt? Welche Fähigkeiten gingen zugleich verloren? Welches «Lehrgut» wurde diesmal auf keiner Schiene durch die verkehrte Welt transportiert? Was lernen heute die freien Bürger bei freier Fahrt, die allzu häufig im freien Stau endet? Lernen sie, daß sie umsteigen sollten, oder nur, daß jeder außer ihnen zuviel auf der Straße ist? Warum lernen sie nicht, was so offensichtlich ist: daß mit den Kosten der Automobilisierung ihre Folgeschäden nicht bezahlt werden können, daß die meisten von ihnen mehr Lebenszeit dem Auto opfern, als sie gewinnen, daß die Beschleunigungsveranstaltung zu einer grandiosen Lähmung der Gesellschaft geführt hat? Oder wollen sie nur nicht wahrhaben, was sie wissen?

Wahrscheinlich erzieht der Mythos, durch den das Automobil seine Besitzer besitzt, zu jener mehrheitsfähigen Dummheit, die sich bisher gegenüber jeder besseren Einsicht als resistent erwiesen hat. Diese Dummheit kann bis zur Annahme einer neuen Identität gesteigert werden: «Wo stehe *ich* eigentlich?» fragte ein Suchender mit Schlüssel ohne Schloß. Er fand sich im fünften Stock des Parkhauses.

Die allgemeine Verkehrserziehung spielt sich vor allem im Alltagsleben ab. Nur wenige Bereiche bleiben ausgelassen. Allein die negative Erziehung durch die Dinge, die sich eine Familie nicht leisten kann, weil sie sich zwei Autos leisten muß, hätte eine pädagogische Dissertation verdient. Was lernen beispielsweise die Kinder, denen das Spielen auf den Straßen verboten werden mußte? Für sie ist die Straßenverkehrsordnung eine Straßenverbotsverordnung. Und sie spielen doch: Ampelblockade, Autoklatschen, Fahrrad-Skateboardrennen, Rollschuhrennen, Verkehrshindernis sein. Dabei lernen sie, daß Weg- und Durchkommen entscheidend sind. Autoklau, Crashfahrten, Straßenraub und so weiter sind sicher nicht nur durch «Tatort» erlernt worden.

Was also lernen die Kinder auf den Straßen von San Francisco, Bogotá, Kreuzberg und Juist? Da gibt es regionale Unterschiede im Lehrprogramm der Straßenschulen. Aber überall gehören sie zu den wichtigsten Lern- und Lebensorten der Kinder und Jugendlichen. Wenn man sie heute unbedingt von der Straße fernhalten will, dann nicht nur aus Angst, sie könnten von Autos umgebracht werden. Man weiß, sie lernen dort zu tun, was sie nicht lassen können, aber nicht dürfen. So ist es nur konsequent, daß es heute noch autogerechte und kinderfreie Innenstädte gibt, in denen die jungen Störenfriede so gut es geht weggeschlossen und sichergestellt werden.

Um die pädagogische Spur des Automobils aufzurollen, könnte ja einmal das eigenartige Verfahren der Curriculum-Techniker, nämlich Lernziele so zu formulieren, daß man sie nicht nur treffen, sondern sogar übertreffen kann, auf den Straßenverkehr als Lern- und Verlernprozeß angewendet werden. Natürlich müßte man die Sache nach hinten aufrollen, sozusagen im Rückwärtsgang. So würde vor uns auftauchen, was wir hinter uns gelassen haben. Im Spiegel wäre die Spur wenigstens seitenverkehrt zu sehen. Ein Lernziel und seine Operationalisierung ist schon bekannt: Funktionsgehorsam ist uns unter Androhung der Verkehrstodesstrafe eingetrichtert worden. Dieses «System» ist keineswegs zimperlich mit Sanktionen, wenn wir uns nicht lernerfolgsmäßig, also «verkehrssystemgerecht» benehmen. Die Lernerfolgskontrolle und Durchfallquote lesen wir negativ jedes Jahr in der Statistik über Verkehrsopfer und in Verkehrssünder-Karteien. Die Sünde blüht, und der Opferglaube gedeiht. Ein jeder ist schuldig, und die Strafe droht – mit tödlicher Verkehrssicherheit. Auf dieser Basis ist jede Verkehrserziehung verkehrt. Doch enthält auch diese weise Einsicht ihren Widerspruch.

Allen voran ist es die Sünde im Verkehr, die viel Gutes bewirkt. Sie hat uns nicht nur die alte Tugend der Buße wiedergegeben, deren Höhe und Dauer wir in einem fein abgestimmten Ablaßkatalog einsehen können. Sie hat auch ein großes Register mit vielen Arbeitsplätzen und Maschinen eröffnet, in welchem all unsere Buße gespeichert ist, auf daß eines Tages unser Schuld getilgt werde. Und sie verschafft auch unseren dahinsiechenden Gemeinden ein Zubrot zum Nötigsten sowie den uniformierten Straßenseelsorgern Arbeit und Brötchen.

Das Schönste an der Sünde auf unseren Straßen aber ist, daß

sie noch dem dümmsten Verkehrsteilnehmer – und wer wäre kein Verkehrsteilnehmer – erlaubt, zum Oberlehrer und Unterrichter wider seinen Nächsten zu werden. Wer kennt sie nicht, diese hochglanzpolierten Saubermänner, die uns eben noch mit der Lichthupe zur Vollbremsung hinter einem Brummi genötigt haben und nun auf der vierspurigen Ortsdurchfahrt mit genau 49 Stundenkilometern auf der linken Spur vor uns Siesta machen? Um uns über ihre Korrektheit und die Geschwindigkeitsvorschriften zu belehren, aber auch um uns vor der rasenden Verkehrssünde zu bewahren, sind sie sogar bereit, selbst der Sünde anheimzufallen, indem sie nur links recht haben können.

Da der pädagogische Monolog wegen Lärm, Geschwindigkeit und Trennscheiben Gott sei Dank nur selten sprachlich vor sich geht – es sei denn im ruhenden Verkehr an Ampeln, Parkplätzen und bei Unfällen –, benutzen die Straßenlehrer ein ausgeklügeltes Zeichensystem, mit dem sie sich gegenseitig und auch mich zurechtweisen. Das reicht vom weisen Kopfschütteln, wenn ich zu langsam fahre, über den Zeigefinger am Gehirn bis zu einem erhobenen, kräftig nach vorne oben gestoßenen Mittelfinger. Mit letzterem wollen sie mir sagen, ich solle lieber mit einer anderen als mit dem Auto und ihnen Verkehr treiben. Unterstützt wird die Wirkung dieser Zeichen immer durch eine zuckende Bewegung der Lippen und durch diesen überlegenen pädagogischen Blick, der mich als hoffnungslosen Fall durch seine Prüfung fallen läßt.

Verkehrsgerechtigkeitshalber muß ich ergänzen, daß es auch viele freundliche Zeichen zwischen uns armen Sündern gibt. Sogar auf seelsorgerische Vergebung kann gehofft werden. Als mein Auto – auch wieder links – einem anderen von hinten einmal zu nahe kam, blinkte an der Heckscheibe vor mir eine bunte Schrift: «Jesus liebt auch dich!»

Nicht zuletzt bietet die Sünde selbst im ruhenden Verkehr mancherlei Gelegenheit zu multikultureller Sprachlehre in der Verständigung über Unverständliches. (Verglichen damit sind die Zeichen im rollenden Verkehr primitiv und international verständlich, wie Piktogramme im Flughafen oder Gesten der Ausländerpolizei.) Vielleicht erklärt eine kleine Geschichte, was ich meine: Selim, ein arabischer Student, der sehr gut Deutsch sprach, wollte mit mir über seine Magisterarbeit reden. Ich schlug ihm vor, dies bei einem Spaziergang durch den Bremer Bürgerpark zu machen. Er aber wünschte unbedingt einen anderen Ort für das Gespräch. Ich wollte wissen, warum. «Ja, weißt du», sagte er, «ich habe ehrlich gesagt etwas Angst. Ich glaube, im Park gibt es Sünder; und es gibt Leute, die halten mich für einen Parksünder. Aber ich habe keine Lust, im Park zu sündigen.» Er zeigte mir einen Aufkleber, den er an der Scheibe des Autos seines Freundes fand, dessen rechte Räder er auf dem Radweg am Bürgerpark geparkt hatte. Auf dem Zettel stand: «Radweg frei! Parksünder raus!»

Für themenhungrige Theologen und Bildungsforscher wäre es also sicher ein transferträchtiges Drittmittel-Projekt, die sündige Spur des Automobils als Bildungsreform und Bußgang zu beschreiben. Der in der Branche übliche Blick nach vorne könnte eine Finanzierung durch VW- und Bosch-Stiftung erleichtern.

Marktbildung: Schule der Bedürftigkeit

Bei der Betrachtung der heimlichen Erziehung durch die Dinge und Umstände irritiert zunächst die Tatsache, daß wir uns fast alle freiwillig den Prozeduren unterziehen. Wir «verbrauchen» sogar einen großen Teil unserer Arbeitszeit, also auch unserer Lebenszeit, um das Geld für die Bezahlung von Geräten, für ihren Betrieb und die gesellschaftlichen Kosten zu beschaffen, wodurch uns die «aktive» Teilnahme an diesem weltweiten, lebenslänglichen «Erziehungsprogramm» erst ermöglicht wird.

Was einst Wunsch war, erscheint jetzt als *Bedürfnis*. Und wo Bedürfnisse am Werk sind, ist immer auch Über- und Unterordnung in Sichtweite. Wo jemand Bedürfnisse hat, da ist eine Instanz, die sagt: «Du darfst!» Wo jemand sagt, du darfst, ist eine Macht nicht fern, die sagen kann: «Du darfst nicht.» Wo Bedürfnisse befriedigt werden, wird auch befriedet. Im Märchen hatten die Menschen drei Wünsche frei. Von drei Bedürfnissen war noch keine Rede. Die Verwandlung von Wünschen in Bedürfnisse verdinglicht sie in das Reich vermeintlicher Notwendigkeit, in welchem Knappheit herrscht. Um Bedürfnisbefriedigung muß jetzt gekämpft werden. (Wie das vor sich geht und was das bedeutet, hat Marianne Gronemeyer untersucht: Die Macht der Bedürfnisse. Reflexionen über ein Phantom; Reinbek 1988.)

Kampfplatz ist der Markt. In seinem Sog werden die Dinge und Menschen zu Mitteln des Tausches, mithin selbst zu Waren der Bedürfnisbefriedigung und -erzeugung. Wie diese Verdinglichung die Beziehungen unter den Menschen und diese selbst verändert hat, ist seit den Anfängen einer Kritik der politischen Ökonomie vielfach untersucht worden. Das große Thema kann hier nicht aufgenommen werden. Doch ohne die Einsicht in das universell gewordene Prinzip der Herstellung von Bedürftigkeit, Entfremdung und Knappheit durch industrielle Warenproduktion, Tausch und Konsum sind die Wirkungen einer heimlichen Erziehungsarbeit der Gesellschaft nicht zu erklären. (Dazu die Arbeiten von Ivan Illich zu einer Geschichte der Knappheit, Ende der siebziger und Anfang der achtziger Jahre.)

Vor diesem Hintergrund bleiben meine Beschreibungen pädagogischer Angriffe der Wirklichkeit auf die Bildung der Menschen im Bereich des Offensichtlichen. Ich gehe den Phänomenen der Warenwelt in ihren Verwandlungen und in ihren pädagogischen Wirkungen nach. Schließlich sind sie die aufdringlichsten und zugleich begehrtesten Lehrer, die ich kenne. Sie können süchtig und abhängig machen. Sie erteilen ihre Lehren mit unerbittlicher Strenge vor allem dann, wenn sie für ihre Schülerkunden unerreichbar werden und bedürftige Sehnsüchte produzieren. Nur die Reklame liefert sie «kostenlos». Die Waren lehren, was «normal» ist, was ein «normaler» Mensch haben muß und daß ein unglücklicher Versager ist, wer sich das nicht leisten kann. Sie lehren, daß man sie kennenlernen muß, um aus dem scheinbar vielfältigen Angebot das «Richtige» auszuwählen, damit den Nachbarn und Konkurrenten die feinen Unterschiede demonstrativ vorgeführt werden können. Sie zeigen uns, daß wir lohnarbeiten, Geld verdienen, funktionieren müssen, um zu leben.

Vor allem aber lernen wir durch diese Lehrer, daß wir tatsächlich auf sie angewiesen sind, seit selbst das Trinkwasser und das Abwasser, die Wohnung und die Gesundheit zu Waren geworden sind. Selbstverständlich können wir im Umgang mit ihnen auch erkennen, was sie jenseits ihres Marktwertes wert sind, was wir wirklich brauchen und was nicht.

Diese verdinglichten Lehrer bieten nicht nur Orientierung, sie irritieren auch, und das verwirrt besonders unsere Kinder: Zur Produktion der Waren, also auch der Arbeitskraft in Schule und Betrieb, werden ungefähr die entgegengesetzten Fähigkeiten und Eigenheiten gebraucht wie zu ihrer Beseitigung durch Kauf und Verbrauch im Konsum. An den Arbeitsplätzen sollen die Menschen Arbeitstugenden wie Disziplin, Einsatz ihrer Kenntnisse und Fähigkeiten, Selbstlosigkeit, Verantwortung, Sparsamkeit und Bedürfnisaufschub einbringen. Auf den Warenmärkten wird das Gegenteil befördert und erwartet: Sofortbefriedigung, Verantwortungslosigkeit, Egoismus, Suchtsteigerung, Verschwendung und Undiszipliniertheit – eben die berühmten Konsum(er)haltungen – sind auf den Märkten gefragt. (Sicher gibt es Überschneidungen, etwa in der Konkurrenz, der verlustreichen Gewinnorientierung, der kompensatorischen Verdoppelung: auch ein richtiger Konsum ist Arbeit.)

Die Kinder sind durch das Reich des Konsums geprägt; am stärksten dort, wo «Mangel» herrscht, wo lediglich der Billigkonsum der Medienwaren vorherrschend ist, wo auch die Familien nur selten mehr als diesen zu bieten haben. Das ist nicht nur ihre Schuld. Aber so kommen die «neuen Kinder», wie der vernachlässigte Teil unseres Nachwuchses inzwischen schon genannt wird, in die Schule. Und die Schule muß scheitern, wenn sie aus diesen Kindern brauchbare Arbeitskräfte machen will und gebrauchbare Konsumenten zugleich – die sie schon wären, wenn sie die Mittel hätten. Doch warum sollten sie sich anstrengen? Würde ihre Anstrengung auch nur einen einzigen Arbeitsplatz schaffen und ausgerechnet für sie? Und würde der, wenn er denn entstünde und sie ihn hätten, so viel Geld abwerfen, daß...? Eher unwahrscheinlich. Ist es da nicht naheliegend, sich selbst zu unterhalten, seinen Nächsten zu verprügeln, einen Bruch zu machen, sich das Flüssige dort zu holen, wo es überflüssig ist?

Es wäre kein Kunststück, mit den Lehrsätzen der Waren-Dinge, -Beziehungen, -Kultur, -Zwänge und -Bedürfnisse das halbe Buch zu füllen. Aber ich will diese Lehrsätze hier lieber mit einem fremden Blick auf die Phänomene sichtbar machen. Ursprünglich wollte ich das in einer Geschichte versuchen, in der das Kaufhaus als integrierende Gesamtschule zur Waren-Lehre für das Volk beschrieben wird. Doch ich habe den Plan verworfen, weil ich unbedingt ein pädagogisches Auge auf die bildende Wirkung von Kulturerlebnissen werfen wollte, die das gewöhnliche Kaufhaus nicht bietet. Die allgegenwärtigen Belehrungen durch die Reklame-, Ratgeber- und Verkaufskultur, also durch all das, was die Kaufhauskultur außer ihren Waren noch zu bieten hat, schienen mir aber nur vergleichsweise begrenzte Erlebnisse zu ermöglichen. Deshalb entschloß ich mich zu einer erlebnispädagogischen Exkursion in das Riesenkaufhaus der verkehrten weiten Welt.

Erlebnispädagogische Exkursion: Die Welt als Museum und Safaripark

Das Anderswo ist ein Spiegel im Negativ.
Der Reisende erkennt das wenige, was sein ist,
währenddem er das viele entdeckt.
was er nicht gehabt hat und nicht haben wird.
(Italo Calvino)

Ein ungewöhnlicher Bildungsdrang hat unsere Landesbewohner erfaßt. Er treibt sie scharenweise in Museen und Reisebüros. Das Fremde, Vergangene und Vergängliche, das wir verdrängen und herstellen zugleich, schürt eine merkwürdige Sehnsucht, die uns hinaus in die weite Welt und hinein in die Museen zieht.

Nicht nur die allgegenwärtigen Dinosaurier sind wiederauferstanden, auch den kleinen vergänglichen Dingen wird das Nachleben verlängert. Es gibt kaum eine Gattung von Gegenständen ohne eigenes Museum. Sogar ein Klo-Museum soll es irgendwo in der Schweiz geben. Streichholzschachteln, Briefmarken, Lampen und so weiter sind Inhalt lehrreicher Sammlungen geworden. Die kulturbewußte Industrie liefert Nachschub. Unbenutzte Armbanduhren und Telefonkarten veralten beispielsweise so schnell, daß ihr Tauschwert an der Trödelbörse rasant ansteigt. In den Museen ist ein richtiger Konservierungsrückstand entstanden. Selbst Bibliotheken werden immer mehr zu Büchermuseen.

Für spätere Generationen von Kulturwissenschaftlern wird es schwer werden, unsere Zeit in einem Museum darzustellen; wir haben das alles schon erledigt. Eine neue Wissenschaft hilft auch dabei: Die Ethnologie des Alltagslebens erforscht uns als die Wilden im eigenen Land. Und wir Eingeborenen verfertigen eigenhändig umfangreiche Dokumentationen über unsere Lebensläufe und Erlebnisse. Kaum ein Haushalt, der noch ohne ein Foto- oder Videoarchiv auskommt. Vor allem Reisebilder werden objektiv festgehalten. Das Abbild ist das Erlebnis; Erinnerung wird zum Erinnerungsfoto. Nichts soll verlorengehen im Kampf gegen die Vergänglichkeit, Reisen bildet Bilder – und sonst gar nichts?

Erlebnishungrig und orientierungsbedürftig, wie wir Eingeborenen (nach Ansicht von Psychosoziologen) sind, zieht es uns hinaus ins richtige Leben. Das erleben wir anderswo. Die lehrreichen Sperrmüllsammlungen, das Museum zum Anfassen und die ständigen Live-Shows im Heimkino reichen nicht mehr aus. Wir wollen Safari-Museum live, und das soll einmalig sein; «wie im Film», sagen wir. Irgendwo draußen, weit weg, locken Erlebnis und Abenteuer im Katalog. Und wir wählen souverän – soweit die Mittel reichen. Da sind wir keineswegs orientierungslos. Reisen bildet – zumindest den Orientierungssinn zum schaulustigen Abenteuer.

Am Anfang: Schaulust und Abenteuer

In unseren Regionen begann es im mittleren Alter. Im Jahre 1327 unternahm der junge Francesco Petrarca aus Arezzo, der in dieser Zeit in Avignon weilte, etwas sehr Ungewöhnliches. Er bestieg einen Berg mittlerer Höhe, den man damals schon den Mont Ventoux nannte. Diesen gibt es heute noch in natura. «Einzig von dem Wunsch geleitet, eine bemerkenswerte Höhe zu erreichen» und mit den Bekenntnissen des Augustinus im Gepäck, hoffte er der Sünde zu widerstehen, die seine neumodische Schaulust darstellte. Diese tat er auch literarisch kund, worin die historische Bedeutung seines Aufstiegs wurzelt, dessen «bemerkenswerte Höhe» ihm die Schreiber der Literaturgeschichten dann eingeräumt haben. Diesem «Erfinder der modernen Schaulust» sollten die Museumspädagogen und Reiseanimateure ein Denkmal setzen. Die Schaulust ist zugleich die Großmutter des Abenteuers. Beide waren zumindest Reisebegleiter der europäischen Entdecker und Eroberer «neuer Welten».

Ziemlich genau fünfhundert Jahre nach Petrarcas denkwürdigem Aufstieg wurden die Höhengewinne rekordartig gesteigert. Sie wurden zunächst in der Schweiz erzielt. Sir Edward Whymper, dieser Bergritter von der tragischen Gestalt, könnte als Symbol gelten. Er erklomm das schönste Horn – nach sechs fehlgeschlagenen Versuchen – auf allen vieren und nicht ohne Verluste. Zu sechst waren sie aufgestiegen; zu dritt kamen sie zurück. Das war im Juli des Jahres 1865. Seitdem wurden das Zer-matter-horn und die ganze Umgebung immer mehr zum Schauplatz abenteuer- und schaulustiger Bezwinger, die allesamt hofften, auch einmal ganz oben zu stehen. Selbstverständlich hatten sie das damit verbundene Risiko selbst zu tragen. Bei diesen schwindelfreien Unternehmern galt es als schick, das Schicksal an einem dünnen Faden aufzuhängen. Ein Hauch von Freiheit und Abenteuer war ruchbar geworden, lange bevor eine Zigarettenreklame empfahl, ihn durch die Lunge zu ziehen.

Inzwischen hat sich das Abenteuer längst in Urlaub verwandelt. Auch die Orte und Landschaften, in denen Reisen bilden könnte, sind andere geworden. Sie wurden als Live-Museum zur Besichtigung und als Safaripark zum Erlebnis eingerichtet; kurzum: zum Konsum aufbereitet.

Die Majestät der Bergwelt präsentiert sich den Besuchern jetzt durch Exponate. Sie erscheinen in Gestalt von Bergbauern, Bergriesen, Bergführern und Bergbahnen zu Berghotels, in denen urig verkleidete Oberkellner einen Berg Nudeln servieren. Auf Skipisten werden diejenigen dann durch die Bergluft geleitet, die sich eben mal bewegen müssen.

Eine Stadt wie Venedig ist immer noch zum Sterben schön, auch wenn sie zum Inbegriff des totalen Live-Museums geworden ist. Fast scheint es, als sei sie gleich für diese Bestimmung ins Wasser gebaut worden und als sei selbst das Privatleben der Eingeborenen zur Besichtigung organisiert. Daß es den exponierten Schaustellern trotzdem noch gelingt, die Besucher in ihr museales Theater zu integrieren, zeugt von pädagogischem Geschick und gewinnbringendem Humor.

In vielen anderen Touristenzentren – welch ein Wort für einen Ort – hat der Service für die Besucher bereits dazu geführt, daß der Museumsgegenstand fast völlig verschwunden ist – zum Beispiel eine «unberührte Natur» oder ein altertümlicher Bazar. Endlose Hotelketten mit Swimmingpools vor dem blauen, aber leider verdreckten Meer haben die weiten Strände in Sonnenstudios verwandelt oder unter sich begraben und den Blick auf die hinten liegenden Bergketten verstellt. Konsequenterweise müssen jetzt die Kulturdenkmäler und Naturereignisse nachempfunden werden, selbst da, wo sie einst ihre alte Rolle gespielt haben.

Noch konsequenter ist es, sie gleich in der Wüste zu inszenieren, wo sie nie vorkamen: in Las Vegas beispielsweise. Dort können die Gäste im königspyramidenförmigen Hotel Luxor – dessen völlig veraltetes Modell in Kairos Vorort Gise zu finden ist – für weniger als hundert Dollar pro Nacht nach Mumienart schlafen und im Traumboot über einen Nil setzen. Wer das banal findet und das real existierende Utopia von Disneyland schon hinter sich hat, kann sich wenige Flugstunden weiter kulturell erholen.

Am Airport gibt es einen Prospekt über die dazugehörige Stadt. Darin wird ein richtiger Museumsbesuch empfohlen. Der Museumskomplex bietet einige Restaurationen. Am Südseestrand ist alles wie auf Bali. Die Tische stehen unter Palmen vor dem weißen Sandstrand, die Sonnenbeleuchtung stimmt, lächelnde Balinesinnen bedienen, und alles ohne Moskitos, Bettler und diese überflüssige Hitze. Auch das Essen kann ohne Typhustabletten eingenommen werden.

Verläßt man gesättigt die Völkerkundeabteilung, liegt die der europäischen Renaissance am nächsten. Hier ist museumspädagogisch außerordentlich geschickt angeordnet, was zwangsläufig zur Entdeckung der Neuen Welt hat führen müssen. Ein gewisser da Vinci (ein verstorbener Italiener) wird mit abenteuerlichen Produktideen ausgestellt. Die wären im antiquierten Europa gar nicht zu realisieren gewesen. Dieser Leonardo – wie man ihn mit Vornamen lieber nennen sollte – habe in seiner Vielseitigkeit sogar gemalt. Unter anderem sei ein Abendmahl mit Jesus dabei herausgekommen, dessen sogenanntes Original ziemlich ramponiert in Italien versteckt gehalten werde. Das aber wäre nun gerade der Vorteil der Museumskunden. Das hier zu sehende Abendmahl sei zweifelsfrei besser als das alte. Die Farben stimmten, die Beleuchtung sei optimal, die Musik im Hintergrund dezent.

Überhaupt sei der Zuschauerraum viel kommunikativer als die Mailänder Dunkelkammer des Refektoriums von Santa Maria delle Grazie. Wahrscheinlich war der Museumsprospekt schon vor der Restauration des sogenannten Originals verfaßt worden. Dieses Museum ließ nichts zu wünschen mehr übrig, außer einem Ristorante da Vinci. Darin hätten die Museumskunden an einem langen Tisch, mit einem langhaarigen Animateur in der Mitte, das Abendmahl selbst zelebrieren können. Aber dieses Vergnügen bietet uns ja nun das Reklamefoto vom Abendmahl einer Modefirma, auf dem sich eine lustig bekleidete Damengesellschaft mit Tischherrn aufs Leben freut. Originell, Original oder Fälschung? Das ist nicht die Frage. Originell ist, was gefällt. Original, Reproduktion oder Kopie? Auch die Weiterführung des Lebens nach dem Abendmahl, wie seine Zubereitung und den Abwasch, nennen sie jetzt «Reproduktionsarbeit». Die Reproduktion der Kinder und demnächst ihrer auf Eis liegenden Klone gehören dazu. Schade, daß Leonardo diese Entwicklung nicht mehr erleben durfte, denn er wollte ja mehr als nur eine Reproduktionstechnologie erfinden oder ein Reproduktionskünstler sein. Ich wüßte gerne, was er jetzt zeichnen und was er sagen würde angesichts der modernen Erfindung seiner vermessenen Erfindung. Selbstverständlich wäre es geschmacklos, die Bergwelt, Venedig, das Luxor von Las Vegas und Leonardos Abendmahl am Balistrand in einem Zuge zu nennen, wenn sie nicht etwas gemeinsam hätten: Alle diese und viele andere Orte werden in multikultureller Ein- und Vielfalt besucht. Ich kann dort auch die Besucher besichtigen, gehöre also dazu.

Weite Teile der Welt sind zu Museen und Safariparks geworden, für diejenigen, die das Privileg zum Reisen haben. Den anderen bleibt das Fernsehen. Gemeinsam brauchen sie, was zum Erlebnis taugt, seine Besichtigung lohnt, und sei es das malerische Elend in den Ländern des Südens. Die Einheimischen gehören zum Inventar. Ihr Kampf um das tägliche Brot belebt die Straßen und die bunten Märkte, die wir dort so schätzen. Sogar die Märkte sind vermarktet worden.

Warum sollte man denn in das anatolische Kayseri reisen, wenn es dort nicht jenen gedeckten Bazar aus der Seldschukenzeit gäbe, mit seinen unvergleichlichen Farben und Gerüchen, den geschäftig herumeilenden, buntgekleideten Menschen und den freundlichen Teppichhändlern, die uns ständig zum Cay einladen? Was wäre Neapel ohne den malerisch abbröckelnden Putz vor dem Vesuv in der Abendsonne?

Selbstverständlich besichtigen uns die Besichtigten auch. Immerhin das haben wir mit ihnen gemeinsam. Viele versuchen sogar, Kontakt zu uns aufzunehmen, Jüngere vor allem: Where are you from? What is your name? Wahrscheinlich denken sie, die Fremden würden sich für sie interessieren. Weit gefehlt. Aufdringlinge werden sie oft von den Eindringlingen genannt, es sei denn, man wird zum Essen eingeladen. Wenn das geschieht, schätzen die Fremden eine Gastfreundschaft, die sie ihren Fremden zu Hause nie gewähren würden. Zu Hause würde sie auch der bröckelnde Putz am Giebel des Nachbarhauses eher zum Telefon greifen lassen als zur Kamera – es sei denn, um ein Beweisfoto zu haben.

Unsere Ansicht der Welt ist seltsam gespalten. Wir bestaunen das Archaische, Fremde, das nach unserer Ansicht Unvollkommene, Improvisierte, was uns unzuverlässig erscheint, wie die verirrten Stromleitungen in Griechenland, aber wir rasten aus, wenn nur ein Hauch davon unsere Normalität streift. Auch ich empfinde eine halbwegs funktionierende Post, die meine Briefe nicht recyceln läßt, als Selbstverständlichkeit.

Aber was ist es dann – außer dem Wetter –, was uns in die

«ursprüngliche Natur», in die antiquierten, aber lebendigen Orte des Südens oder zu den futuristischen Reproduktionen treibt? Ist es Abenteuerlust? Oder nimmt die Sehnsucht nach Natur, älterer Kultur, lebendigen Städten, nach utopischen Projekten in dem Maße zu, wie sie bei uns zum Verschwinden gebracht werden? Vielleicht suchen wir in den schönsten Tagen des Jahres, in denen wir dem Alltag entfliehen können, etwas von der Utopie zurückzuholen, die in diesem Alltag begraben liegt? Werden die Verluste des Fortschritts im Blick auf das Andere, das weniger Entwickelte, das wir hier nicht haben wollen, kompensiert?

Die musealen Safariphantasien richten sich oft auf gefährdete, absurde oder sensationelle Objekte, die zum Ereignis gemacht werden können. Von denen gibt es auch in den reichen Ländern genug. Die größten brauchen gar nicht eigens dafür hergestellt zu werden, wie das Hotel Luxor, Legoland oder das neue Abendmahl, sie bieten sich einfach an. Einiges Aufsehen erregte in Europa ein Reisevorschlag in den USA: «Besichtigen Sie Europa, solange es das noch gibt», hieß es da ohne Argwohn. Das war Anfang der achtziger Jahre, als es um die Stationierung neuer Atomraketen ging. Warum auch nicht? Ist es nicht vernünftig, ein Museum vor seinem Abbruch zu besichtigen?

Viele Reisevarianten wurden angepriesen. Eine besonders hinreißende verdient unsere Erinnerung: Da wurde zum verlängerten Wochenende als Abenteuerurlaub mit Mietporsche auf deutschen Autobahnen eingeladen: «Genießen Sie den Rausch der Geschwindigkeit, solange Sie in Deutschland noch unbegrenzte Möglichkeiten haben. Mit 150 MPH von Rhein-Main nach München und Heidelberg.» Dann folgt die Beschreibung der Heidelberger Gemütlichkeit mit romantischer Schloßbeleuchtung für den ersten Abend und so weiter.

Wer noch mehr Zeit mitgebracht hatte, sollte über die gute alte Luftbrücke Westberlin besuchen.

Es war einmal: da war dieses Westberlin der einzige Ort der Welt, an dem in jeder Himmelsrichtung Osten lag. Ein geographischer Westpol, an dem der Kalte Krieg seine heißesten Phasen erleben durfte. Dort gab es eine durchaus mittelalterliche Stadtmauer zu besichtigen, deren Westseite malerisch gestaltet und deren Ostseite den Westpol vor einer Flutwelle – nicht nur von Brüdern und Schwestern – aus dem Osten schützte, der wie gesagt ringsrum lag. Auf der Ostseite standen die Wachtürme gegen die Ausreisewilligen aus jener Welt; auf der Westseite standen die Besichtigungstürme für die Einreisenden aus aller Welt. Eine einmalige Umkehrung der mittelalterlichen Stadtmaueridee war zu besichtigen: Nicht der Einbruch, der Ausbruch war vermauert.

Doch dann kam der ersehnte und befürchtete Durchbruch. Und siehe da, man hatte versäumt, den einmaligen Faktor des Kulturstandortes Berlin rechtzeitig unter Denkmalschutz zu stellen. Zumal 189 Pflanzenarten ihre Weiterexistenz dem Mauerschutz verdankten. Auch dieser Hinweis der Grünen nutzte nichts. Die Mauer wurde buchstäblich verscherbelt. Die jetzt verplanten Ersatzbauten werden auch in Jahrzehnten nicht die Attraktivität erreichen, die der irrsinige Ringwall einem Ost-West-Museum Berlin ohne Investitionen beschert hätte. Statt dessen will man beim Exbonzendorf Wandlitz bei Berlin oder in der Umgebung einen «Ossipark» einrichten. (So las ich es im «Spiegel» und in der «taz»). Dort dürfen dann DDR-Nostalgiker und Neugierige aus aller Welt einsitzen. An nichts und allem soll es den zahlenden Arbeitern und Bauern auf Zeit fehlen in der kleinen Pädagogischen Republik. Alles soll sein, wie es in der abgewickelten war, nur perfekter und noch übersichtlicher. Alles wird es geben: Privilegien, Zensur, Brigaden, Sekretäre, Schulungen, Stasis, Fluchthelfer, Parteiorgane, Alugelder, Besatzer, Broiler, Trabbis, Nischen, Schwerter als Pflüge scharenweise, Grenzer und den obligaten Zaun drum rum. Die erlebnispädagogische Betreuung wird im Zwangsumtausch abgegolten. Bananen müssen leider draußen bleiben. Dazu fällt mir nicht mehr ein als zu den neuesten Angeboten zum Abenteuerurlaub auf Kriegsschauplätzen: «Lassen Sie sich nichts vormachen! Erleben Sie Sarajevo live!» Das Abenteuer liegt gleich um die Ecke.

Die weltweite Verwandlung von Orten, Menschen und Natur in museale Erlebnis-Waren, die durch teilnahmslose Beobachtung konsumiert werden können, zieht sie in den Strudel der Verdinglichung durch den Markt. Sie sind Objekte geworden, nachdem ihnen ein Besichtigungswert zugefügt wurde. Der hat sie von ihrem «für sich sein» tendenziell enteignet. Sie sind jetzt auch für das große «um zu» da. Die Reisbauern von Banaue zum Beispiel bewirtschaften zwar weiterhin ihre großartigen Reisterrassen; es geht hierbei aber nicht mehr in erster Linie um traditionelle Selbstversorgung, sondern darum, daß die Bauern und ihre Kunstwerke zum kulturell-touristischen Standortfaktor ersten Ranges auf Luzon geworden sind. Der Reis interessiert uns nicht; davon gibt es in unseren Supermärkten genug. Mit den «primitiven» Reisbauern kann man sowieso nicht reden. Aber die buntgekleideten Menschen auf den imposanten Terrassen des achten Weltwunders sind als Erlebnis gebucht und als Objekte auf Filmen festzuhalten. Davon haben die Bauern nichts; es sei denn, sie steigen ein ins Geschäft. Aber wer wird dann die Terrassen für die Touristen weiterpflegen? Wird es reichen, daß alles in Filmen festgehalten und dokumentiert ist?

Filme- und Fernsehmacher waren oft die professionellen

Vorreiter für die nacheilenden Fotoamateure auf den Touristenströmen durch die Fotosafariparks. Sie bilden auch die Nachhut. Nur auf ihren Bilddokumenten läßt sich noch erkennen, wie es vor dem Einbruch der Bildungsasylanten und Marktführer in einer Gegend aussah. Doch das Fernsehen geht noch einen Schritt weiter.

An jedem Abend werden die Weltbilder des Tages zur Schau. Wir besichtigen die neuesten Katastrophen als Mitglieder einer Einschaltgemeinde. Wenn die Reporter auf Draht sind, bringen sie die ausgewählten Bilder der Welt live als Reality-Show. Ereignis, Aufnahme, Sendung und Empfang fallen in der Hier-und-Jetztzeit zusammen. Möglichst werden die Live-Ereignisse von den Akteuren beiderseits der Kamera selbst auf die beste Sendezeit gelegt. Sie sind nur da oder inszeniert, um «gebracht» zu werden. Und sie sind im Moment ihrer Ausstrahlung als Telewaren verbraucht. Nur die lohnenden Bilddokumente werden wiederholt oder in Bilderbüchern zur Wiederverwertung aufbereitet. Auch das ist eine Verwandlung der Dinge und Menschen in Besichtigungswaren. Ihr Wesen, ihre Bedeutung ist gleichgültig gegenüber dem Unterhaltungswert. Dagegen wettern dann die unvermeidlichen, aber belehrenden Kommentatoren in derselben Sendung. Nachrichten und Bilder aus aller Welt sind für die Produzenten und oft auch für die Konsumenten bedeutsamer geworden als die Ereignisse, über die sie angeblich nur Auskunft geben.

Vielleicht sollte man die katastrophalen Ereignisse ganz ausfallen lassen und durch kameraobjektiv simulierte Bildberichte, durch die Kommentierung frei erfundener Nachrichten, durch die Rezension nie erschienener Bücher ersetzen. Das könnte friedlicher, billiger und unterhaltsamer werden als die gegenwärtigen Inszenierungen durch Berichter und Berichte. Außerdem gäbe es für Kulturagenten, Interpretationspädagogen und Unterhaltungssimulanten endlich die ersehnten Anstellungen im Überfluß.

Einen gravierenden Schönheitsfehler hat «das Verschwinden der Wirklichkeit» in der schönen neuen Welt der Simulation allerdings doch. «Die Verdammten dieser Erde», die auch unsere Fotoalben und Bildermedien «übervölkern», werden Hunger, Ausplünderung, Rassismus, Krieg und Folter niemals nur als Nachricht oder gar als Simulation erfahren dürfen. Sie benötigen auch etwas anderes als eine Besichtigung und einen Bericht über sich. Und doch könnte beides zur Besserung ihrer Lage beitragen, wenn es begriffen und nicht nur gleichgültig – verschreckt konsumiert würde. Glück, Trauer, Leid und Hoffnung anderer Menschen werden zum bloßen Gegenstand eines allgemeinen Anschauungsunterrichts, wenn sie nicht im Mitgefühl einen tatkräftigen Ausdruck finden. Auch dafür gibt es Beispiele.

Vielleicht wären wir doch lieber die Gestalter unserer Verhältnisse als die an Stränden gestrandeten Besichtiger ihrer Kopien und Ruinen. Nekropolis als Zukunftsvision? Die Sehnsucht ist nicht neu: Im südfinnischen Hämenlinna besichtigte ich einen Park, in dem ein ruinöser Großgrundbesitzer um 1900 Ruinen aufbauen ließ – schöner, historisch genauer und haltbarer als die echten von nebenan.

Ich fürchte, die industrielle Perfektion der aufgeblähten Scheinwelten und Lichtdome einer «Als-ob-Realität» führt uns – wenn wir uns ihr hingeben – in die weitere Selbstentmachtung gegenüber den Waren-Dingen eines wuchernden Kapitalismus. In seinem selbstverwalteten Safaripark wären wir draufzahlende Zuschauer, pädagogisierte Exponate und privilegiertes Personal zugleich. Das kann nicht gutgehen. Gewalttätige Ausbrüche im Inneren und verzweifelte Einbrüche von außen finden bereits statt.

Wahrscheinlich kann das jetzige Spiel nur falsch gespielt werden, weil seine Regeln und Bausteine unmenschlich sind. Möglicherweise gehört die ganze Inszenierung ins Museum der Weltbühne. Dann gäbe es gar keine andere Wahl mehr, als mit dem berühmten «Umdenken» tatsächlich – also in Tat und Sache – anzufangen. Darin geschähe eine andere Bildung, indem sie zum Tragen kommt. Fürs erste wäre es schon viel, wenn das bereits «Umgedachte» auch umgesetzt werden würde, von jedem an seinem Ort.

Konstruktiver Nachschlag: Kulturblüte

Um den Kritikern entgegenzukommen, die in meinen erlebnispädagogischen Exkursionen das Positive nicht erkennen können, möchte ich einen bescheidenen Vorschlag nachreichen. Er ist nicht ganz neu, aber noch unverbraucht. Deshalb wird er hier wieder angeboten. 1988, als mein Wirtschaftsstandort Bremen und seine Kultur auch schon gefährdet waren, luden die Grünen und andere Kulturinitiativen zu einem Hearing ins Haus der Bürgerschaft. Visionen für den Kulturstandort Bremen waren angefragt. Das Wort «Standort» kannte ich bis dahin vor allem aus der Militärsprache und mit dem Vornamen «Garnison». Auch die einhellig veröffentlichte Meinung, nach welcher Kultur ein wirtschaftlicher Standortfaktor von hohem Rang sei, brachte mich zu dem Schluß, daß hier ein extrem erweiterter Kulturbegriff Verwendung finden sollte. Zur Wortfamilie der Kulturen gehörte jetzt fast alles, was Menschen anrichten konnten. Es gab politische Kultur, Hoch-, Breiten-,

Streit-, Lern-, Beziehungs-, Verkaufs-, Vorzeige- und Vorgartenkultur.

Unterhalb eines neuen Bremer Kultur-Modells wäre da nichts beizutragen gewesen. Ich habe es in eine lokalgeschichtliche Liebeserklärung an meine Universitätsstadt verkleidet. Der Kern des Modells aber könnte überregional von gefährdeten Standortpolitikern rezipiert werden.

Auswärtige Leser sollten vielleicht wissen, daß der gute Stern auf allen Straßen (auf schwäbisch «Herzjesu») in Bremen-Hemelingen einen Zweigstandort hat. Der Teerhof ist eine Weserinsel gegenüber der Altstadt, um deren kulturelle Nutzung es damals Streit gab. «Buten & Binnen» heißt hier das Heimatfernsehen, und das Bremer Literaturgespräch mit Preisvergabe ist ein alljährlicher Kulturhöhepunkt.

Zur Rettung eines bedrohten Kulturstandortes – Plädoyer für das Bremerland als Museum

Es muß zu Beginn des achten Jahrzehnts nach 1900 gewesen sein. Die Geschichtswissenschaftler waren gerade in ihre orale Phase gekommen. Der spätere Herausgeber dieser unserer Zeit hatte in einer Rolle als Bundeskanzler eben den zweiten Satz seines Raketen-Doppelbeschlusses gegen Jimmy Carter gewonnen. Einige der apokalyptischen Phalli sollten im Garnisonsstandort nördlich von Bremen als zielsichere Standortfaktoren stationiert werden. In dieser Lage wollte der Chronist mit vielen anderen aus dem Irrenhaus ausbrechen – wußte aber auch nicht, wohin. «Entrüstet euch» war damals in vielen Fenstern zu lesen, als Standortfaktor einer widerspenstigen Kultur.

Hungernde Architekten begannen in dieser Zeit erkerweise zu zitieren, was die inzwischen seßhaft gewordenen Stadtmusikanten als sattsam bekannten Oldie von den Dächern pfiffen und was selbst die leitenden Märchenerzähler mit ihren Geschichten aus der Aktentasche nicht mehr in glaubwürdiger Darstellung verbergen konnten: «Etwas Besseres als den Tod findest du überall.»

Solches sagte sich selbst der Altmeister der Bürger und kündigte an, das sinkende Schiff zu verlassen, sicher nicht, ohne zuvor einen guten Stern befragt zu haben, was damals wieder in Mode gekommen war. Mit ihm wendeten sich so manche Schritte gen Süden. Sie folgten einem Stern, der hell über dem Ländle am Abhang vor den Alpen strahlte. Dort sollte das gelobte Land liegen, in dem Milch und Honig zu fließen schienen, wo der Späth-Kapitalismus noch einmal grenzenloses Wachstum auf glanzvollen Gipfeln und Dreikönigstreffen vor einem ewigen Frühling feierte, wo der Champagnerschaum selbst im hohen Norden noch seine Wirkung tun sollte. Sogar Fichten und Tannen der böhmisch-badischen Grenzwälder neigten ihre Kronen, ließen Nadel und Adel fallen, um sich der aufblühenden Holzindustriekultur anzudienen:

Über allen Gipfeln ist Ruh;
in allen Wipfeln spürest du
kaum einen Hauch.
Die Vögelein schweigen im Walde.
Warte nur, balde
ruhest auch du!

Über allem aber strahlte der untergehende Stern. Selbst im fernen Bremen spiegelte sich sein Leuchten in einigen Augen der Zurückgebliebenen. Also gingen die so Auserwählten in die Knie, um dem Stern zu huldigen und ihm mit reichen Gaben zu opfern, auf daß sich ein Zacken bei ihnen niederlassen sollte. So geschah es. Und da er nicht gestorben ist, liegt er noch heute dort.

Deshalb ist die Geschichte auch noch nicht zu Ende. Man kann sich vorstellen, daß bei all den Opfergaben in der Haushaltskasse nicht mehr genug Flüssiges vorhanden war, um das Nötigste zu bezahlen. Selbst der oberste Gockel der auserwählten Stadtmusikanten – der bisher noch immer ein Körnlein erspäht hatte – krähte jetzt über den Rathausmarkt, so daß es durch «Buten

& Binnen» bis ins Wohnzimmer zu hören war: «Sparn wie noch nie, sparn wie noch nie!» Und von ganz unten tönte es wie immer in dieser Lage zurück: «IA, IA!» Sparen kann man, wenn man kein Geld überflüssig hat, nur am Überflüssigen. Das wäre in einer Überflußgesellschaft dieser Überfluß selbst. Aber so weit wollte hier niemand gehen. Also begannen die Herren – wie üblich – an Bildung, Wissenschaft, Kunst und sogar an den Seilen des sozialen Netzes zu sparen, weil es ihnen durchaus als überflüssig erscheinen wollte. Was überflüssigerweise noch übrigblieb, beispielsweise eine Universität, einige Theater, Museen, Schulen und viele soziale Beratungsstellen, sollte bedingungslos – so ein Ohrenzeuge, der seinen Augen nicht trauen wollte – der «Regionalentwicklung» unterstellt werden, die wiederum dem Gebot der Nützlichkeit unterstellt werden sollte, welches sich erst später als unnützes Gebot herausstellen würde. Daß einige Kritiker dies als Provinzialisierung, kulturelle Entsorgung, ja sogar Verelendung bezeichneten, sprach nur für deren böse Zungen. Schließlich ging es unter dem guten Stern um Luftbusse, Schlachtschiffe für alle Weltmeere und sogar um Polar- und Welträume. Von Provinz also keine Spur. «Bremen im Kosmos 2000», das wären die Devisen... Derweil wurden viele Menschen unter den weinenden Augen der Provinzialregierung entlassen oder fanden von vornherein nicht die richtige Einstellung oder Wohnstube in unserer schönen, aber gar nicht mehr so neuen Heimat.

Neben den üblichen Niederschlägen regnete es am Ende des achten Jahrzehnts Vorschläge, deren Verwirklichung den auf Grund gelaufenen Weserkahn auch ohne Steuermann wieder flottmachen sollte. Eines dieser Bremer Modelle könnte hier vielleicht interessieren. Es erblickte das Licht der Dunkelheit in einer jener Kneipen, die von Nacht zu Nacht, wie ihre Gäste auch, voller und voller geworden waren.

Man könnte doch – so die Idee eines ABM-geschüttelten Kulturschaffenden – das ganze Krisengebiet in den Grenzen von 1945 an einen kunstverständigen, also reichen Nordamerikaner oder Japaner für eine Mark verkaufen. Der sollte es dann als «Live-Museum Bremen» oder schlichter als «Hansel-Land Bremen» einfach so weiterbetreiben, wie es bisher auch getrieben worden war.

Die Idee brachte den Kneipennebel zum Leuchten: Die einstmals frei genannten Hanseaten könnten als angestellte Insassen des Museums «weiter so Bremen» alles so machen wie bisher, genauer: sie müßten das als lebende Exponate im Angestelltenverhältnis sogar tun. Alle Bürger würden wieder eine exponierte Rolle spielen, wären also wieder wer. Die Museumslandschaft Bremen wäre damit zugleich das größte Theater der Welt mit einer permanenten Uraufführung zeitgenössischen Lebens, und das nicht nur auf dem Teerhof. Die Insassen Bremens würden weiter ihre schnuckeligen Reihenhäuser und Bunker anmalen, ihre Werderaner anfeuern, die Domtreppe fegen, einkaufen, arbeiten und arbeitslos spielen, Kohl und Pinkel essen, sich hoch- und schwarzarbeiten, in Urlaub fahren oder den Freimarkt feiern. Selbst die Szene würde wirklich zur Szene in diesem Stück: alles wie im richtigen Leben.

Die Insassen würden bei den Wahlen auch weiterhin ihre Stimme abgeben – sie brauchen sie ja dann nicht mehr – und alle möglichen Vertreter in ihrem Namen reden lassen. Das Museum wäre selbstverständlich ein repräsentatives, demokratisches, selbstorganisiertes und selbstverwaltetes Landesmuseum. Auch das Überseemuseum wäre keinesfalls ein Überflußmuseum, sondern nur ein Untermuseum in der Museumslandschaft Bremen, für deren Gestaltung wir übrigens um eine Landschaftsgärtnerplanstelle kämpfen sollten. Ein Überflußmuseum würde auf den Ruinen der AG-Weser-Werft flußabwärts nicht einmal ruinös restauriert werden müssen. Ein zweites Überflußmuseum könnte auf dem Teerhof gebaut werden, wo man extravagante Leute in außerordentlichen Apartments einsitzen lassen könnte. Keinesfalls darf er zu einem Asphaltkulturhof werden, indem man ihn hergelaufenen Kulturläden überläßt.

Die Museumsleitung säße weiterhin im Bürgermeisteramt. Auch der Meister der Bürger könnte weiter so tun, als ob er da regierte mit seinen Bürgermeisterlehrlingen, die man auch in Zukunft Senatoren und nicht Azubis nennen sollte. Eine Opposition müßte es geben, die in der Lage wäre, glaubwürdig darzustellen, daß sie nicht nur sich selbst widerspräche. Auch die pädagogische Front in den ABC-Schützengräben der Restschulen wäre museal zu besichtigen. Behörden, Betriebe, Familien könnten zur

Gaudi der Besucher einfach weiterarbeiten. Sogar Schiffe würde man wieder fahren lassen, genau so, wie alle übrigen Verkehrsstörungen auch. In der Universität könnten die Bescheidwissenschaftler in ihrer Science als fiction zu sich selbst finden, und am Bahnhofsplatz bauten Architekten hinter alten Backsteinfassaden endlich unsere gute alte Post modern. Die Besucher wollen schließlich nicht nur Eintrittskarten gekauft haben, sondern auch Ansichtskarten schreiben.

Damit wären wir beim wichtigsten Bremer Kulturereignis angelangt: «Die Bremer Welt als Simulation», so hieße die permanente Ausstellung über das vorletzte Literaturgespräch, die nach dem «Verschwinden der Schrift» – so das allerletzte Bremer Literaturgespräch – immer noch von der Schreibmaschinenfabrik Olivetti gesponsert werden würde. «Mehr Glanz» waren die glanzvollen Worte des ebenfalls letzten Bremer Literaturnobelpreisträgers Handke in Anlehnung an ein gleichfalls letztes Goethewort in Weimar, nach welchem mehr Licht gefordert worden war. «Mehr Glanz» stünde als riesiges Piktogramm über allem, so daß die Museumsbesucher aus New York, Stuttgart und Delmenhorst gleich wüßten, worum es hier geht.

Der Museumsfunk hieße noch immer «Radio Bremen» und würde selbstverständlich live über alles berichten. Durch unser geliebtes Heimatfernsehen «Buten und Binnen» sollte es möglich werden, die ganze Simulation noch einmal zu simulieren, was Hegel die Negation der Negation genannt haben würde, womit wir wenigstens zu Hause wieder auf den Boden der Tatsachen zurückgefunden hätten.

Die trunkene Vision aus dem vollen war ausgemalt. Nebel aus der Tabakbörse umhüllte den der Köpfe. Die selbst mitredende Talk-Show-Moderatorin bedauerte ganz objektiv, daß keine Kamera mitgelaufen war, und wollte nur noch fragen, was denn nun im Sinne Horst-Werners von diesem neuen Bremer Modell zu halten sei – aber so weit kam sie nicht.

Jetzt hagelte es Einwände aus der realistischen Ecke: «Was heißt hier eigentlich Museum? Auch das Rathaus war schließlich einmal neu.»

«Hier wird ja gar nichts anderes vorgeschlagen als die Realität, die wir sowieso schon haben.» – «Ja, aber das ist kostenneutral, also durchführbar», verteidigte ein Realo den Bremer Plan.

«Bremen kann gar nicht verkauft werden, das ist schon ausverkauft», meinte ein ehemals grüner Parlamentarier, in dessen Kopf sich offenbar der Dreizack über Hemelingen drehte. Außerdem sei die Welt sowieso ein Museum, simulierte ein postmoderner Dichter einen Gedanken.

Das war dem sozialdemokratischen Jungpolitiker, der bisher allem aufmerksam zugehört hatte, nun doch zuviel, und er brachte die Sache auf den Punkt: «Jetzt mal Spaß beiseite. In Theatern, Schulen und Museen liegt die Zukunft unserer Stadt. Da finde ich gar keinen Grund, sich drüber lustig zu machen. Kultur ist ein wirtschaftlicher Standortfaktor ersten Ranges und überhaupt nicht witzig. Ihr solltet hier lieber konstruktiv und innovativ darüber nachdenken, wie wir die Tatsache den Bürgern draußen im Land als richtige Politik verkaufen können, angesichts ihrer ganz anderen Sorgen, zumal sie ja alles bezahlen müssen. Niemand in diesem Lande kann doch den innovativen Wirtschaftsfaktor ‹Kultur› flächendeckend zur Geltung bringen, wenn das ganze Programm nicht auf der demokratischen Schiene gefahren wird. Mit uns Sozialdemokraten ist in dieser Hinsicht keine andere Politik zu machen. Das sage ich nicht nur deshalb, weil nach unserer programmatischen Überzeugung Demokratie immer noch ein Wagnis ist.»

Pause.

«Der Kerl ist untergeschnappt», sagte der letzte Sponti. «Wir sitzen doch schon alle in einem Museum. Und auch an deiner flächendeckenden, blöden Dampfmaschine steht das Schild ‹Nur anschauen, nichts begreifen›. Dieser Herr Kulturpolitiker lebt aus der zweiten Hand in den Mund. Und wenn ich mir das hier so anhöre, kommt mir der krause Gedanke, daß solche Künstler, Politiker, Wissenschaftler und Oberlehrer doch immerhin eins gemeinsam haben: Man kann sie gar nicht hoch genug überschätzen.»

Elektrifizierte Sprache oder Die Ausstattung moderner Menschen

Hat ein Ritter den Katarrh,
damals warn die Mittel rar.
Er hat der Erkältung 'trotzt,
hat sich gräuspert,
gschneutzt und grotzt.
Ja so warns, ja so warns...
(Karl Valentin zu Grünwald)

«Zu Grünwald die Rittersleut leben nicht mehr seit langer Zeit. Nur die Geister von densölben spuken noch in den Gewölben.»

Die müßten sich heute auch anständiger benehmen: Anstatt zu trotzen und zu rotzen, würden sie ihr Immunsystem antibiotisch demobilisieren lassen, um die Verursacher der Infektion, diese ekeligen Kleinstviecher, im Keim zu liquidieren. Bis zum Eintritt des Therapieerfolges dürften sie sich noch schneuzen, sofern sie ihre Hygienetüchlein umweltfreundlich entsorgen lassen. Öko-Pädagogen wären mit Müllbeuteln hinter ihnen her.

Als ich Kind war, hatte ich manchmal einen schlichten Schnupfen. Nichts weiter. Das ging vorüber. Mit zwanzig sollte ich in so einem Fall meine Abwehrkräfte durch Einnahme von Vitaminen stärken, wie man die köstlichen Apfelsinen jetzt zu nennen begann. Gesundheitspädagogik wurde in allen Gazetten populär. Mit vierzig wollten sie in einem alles erfassenden Diagnoseverfahren auch noch meine psychische Influenza-Disposition testen und ein ganzheitliches Therapieprogramm verschreiben. Da habe ich ihnen verschnupft die Gesundheit verweigert. Man wollte mir suggerieren:

Ich habe gar keinen Katarrh; ich habe nur ein Problem. Ich bin ein defektes Immunsystem, das vorgebeugt zum Kundendienst gehört: Vollkasko mit Selbstbeteiligung, ein klarer Versicherungsfall, falls ich als System regelmäßig vom Gesundheitsüberwachungsdienst durchgecheckt worden bin.

Es hat sich etwas getan in der Pädagogischen Republik. Zumindest haben wir neue Wörter gelernt. Da ich sogar beruflich mit Bildung zu tun habe, interessiert mich auch die Wortbildung. Ich wollte wissen, mit welchen Wörtern moderne Menschen, junge besonders, sich selbst, ihre Eigenheiten und Tätigkeiten bezeichnen. Ich versprach mir von dieser kleinen Untersuchung Aufschlüsse über ihre Selbsteinschätzung und Identität im laufenden Jahrtausendbruch. Schließlich wollte ich wissen, mit wem oder was ich es zu tun habe. Und da sagt die Sprache manchmal mehr, als ihre Sprecher sagen wollten.

Ich kann hier nur einen kleinen Einblick in mein umfangreiches Untersuchungsmaterial geben. Eigentlich bräuchte ich nur die Wörter aufzusagen und die meisten Leser wüßten schon, was gemeint sein dürfte. Ich könnte auch ein Gesellschaftsspiel draus machen: Einer sagt – nein, er gibt ein Wort ein – zum Beispiel «auftanken», und alle schreiben auf, was sie darunter verstehen. Da ich aber mit den verehrten Leserinnen und Lesern dieses Textes noch nicht an ein telekommunikatives Vernetzungssystem angeschlossen bin, habe ich mir eine andere Lösung ausgedacht. Ich schreibe einige Wörter auf, verpacke sie in einer Beziehungskiste – wie man Affären vorübergehend nannte –, versuche erst gar nicht, sie zu übersetzen, und ziehe dann einen Schluß daraus:

Die Leute sind heutzutage mit Antennen ausgestattet, die sie ausfahren, wenn sie aufmerksam sein wollen. Sie treiben Kontaktpflege bei Besuchen, auch wenn ihnen die Kontaktpersonen auf den Wecker gehen. Andere bekommen einen Draht zueinander, sobald der Funke überspringt – weil da eine gewisse Ausstrahlung ist, bei der sie hochelektrisiert auf Empfang schalten und auf Sendung gehen. Dabei will man sich gar nicht richtig einschalten, sondern sich nur etwas abreagieren und ein Stück weit kommunizieren. Sobald es dann aber zu den ersten Hautkontakten kommt, stellt der Gehirnapparat auf den Sexualapparat um, der ja auch zur Ausstattung zählt. Zwischen diesen Apparaten könnte es dann zum Äußersten kommen.

Wenn so ein Programm abläuft, befinden sich die Leute in einer multidynamischen Beziehungsstruktur, in der variable Verlaufsmodelle eingebaut sein dürften. Manchmal bleiben sie auf gleicher Wellenlänge, manchmal reißt der Draht. Da braucht nur einer auf die falsche Taste zu drücken, und schon kommt es zur Kurzschlußhandlung, zur Bildstörung, zum Blackout, zum Ausrasten. Die Sicherung ist durchgebrannt, weil die Beziehungskiste nicht ordentlich gewartet wurde oder falsch programmiert war und weil der Typ sowieso nicht richtig tickt und auf Draht ist. Nach solchen Kontaktstörungen entstehen Funkstille, Sendepause oder endlose Telefonkontakte. Sie können sich bis zur Telefonitis steigern – eine Art neuer Mittelohrentzündung. Diese Telefonkontakte gehen meist dem Kommunikationsteilnehmer auf den Geist (oh!) – nein auf den Sender –, der sich schon abgeschrieben sieht. Bevor das abgehakte Auslaufmodell endgültig in die Röhre guckt, kann es sein, daß es noch einmal auf- und abdreht, durchstartet und durchdreht, um schließlich durchzuknallen. Da hat jemand eine Sauwut, würde ich sagen. Weit gefehlt: Ein Aggressionspotential ist ausgebrochen; die Nervendrähte waren überlastet, zu schwach abgesichert und sind gerissen; der Adrenalinspiegel stieg über den kritischen Punkt; der zentrale Steuerungsmechanismus war nicht perfekt angeschlossen und geschaltet, er hat die Kontrolle über den psychischen Apparat verloren. (Das kommt davon, wenn man die rechte Hirnhälfte auf Kosten der linken so hochrüstet.)

Wenn das Beziehungsstreßprogramm durchgelaufen ist, wird das Fitneßprogramm abgefahren. Dann können die Streßfaktoren neu koordiniert werden; die Pumpe arbeitet wieder mit Standgas. Aber das Gerät ist doch richtig ausgebrannt, fühlt sich irgendwie hohl. Es muß mal wieder auftanken. Der Energiehaushalt verlangt das so. («Ich muß meinen Body dringend mal ins Ökosystem einklinken lassen, das Schrotteil hat eine Energiekrise.»)

Also wird das Gestell bewegt und Sauerstoff tiefgeatmet. Nach dem Trimmen geht es nicht etwa ums Essen, es werden Kalorien eingepfiffen, damit die Maschine wieder läuft; Obst muß her, damit ihr Vitaminhaushalt stimmt. Vielleicht poliert jemand später sein Qualifikationsprofil auf – sofern es noch nicht verkauft ist – und zieht ein paar Informationen rein, weil selbst der Kopf ab und an mit Datenmaterial angereichert werden muß. Sein Träger läuft abends in der Kneipe zur Höchstform auf, wenn er nicht etwa Wein trinkt, sondern mit Alkohol abgefüllt wird, nachdem er seine kommunikative Kompetenz eingeblendet und ausgespielt hat.

Selbstverständlich wird er dann im Liegen entspannt – er muß ja morgen auch wieder funktionieren.

Ich habe versucht, diese trostlose Geschichte in meine Sprache zu übersetzen. Es ist nicht gelungen. Wahrscheinlich enthalten solche Wörter ein ganz neues Selbstbild, das heutigen Menschen im Laufe der letzten Jahrzehnte beigebracht worden ist. Das wäre eine große pädagogische Leistung. Aber von wem? Vermutlich war es wieder einmal niemand, und keiner hat's gesehen.

Soviel scheint eindeutig: Die meisten Wörter kommen aus den Bereichen Elektrizität und Maschinenbau oder System-, Informations- und Kommunikationstheorie, aber auch aus dem Waren- und Straßenverkehr.

Wenn nun viele Sprecher glauben, was sie da sagen, sei wirklich so, werden sie die Wirklichkeit tatsächlich so wahrnehmen. Warum sollten sie lügen? Auffällig ist, daß natürliche, menschliche, gesellschaftliche Zustände und Vorgänge durch diese Sprache einen technisch-maschinellen Charakter annehmen.

Parallel zu dieser verdinglichenden Elektrifizierung der Sprache über Mensch und Natur gibt es eine gegenläufige Sprachentwicklung. Maschinen, Systeme und Waren werden in ihr immer natürlicher, menschlicher, sozialer besprochen. Die toten Kinder der Zeit werden zum Leben erweckt. Computer werden gefüttert, ihre Programme können abstürzen, sich mit Viren infizieren oder verrückt spielen. Autos laufen und haben eine Identität; innen haben sie einen Himmel über anschmiegsamen Kuschelsitzen; vorne haben sie ein Gesicht mit Strahlern und hinten manchmal einen zu breiten Arsch. Oft werden sie liebevoller gepflegt als Mensch und Natur.

Diese erweckende Sprachentwicklung scheint mir älter zu sein als die verdinglichende. Vor allem die Militärs waren da Vorreiter. Ihre Gewehre nennen die Soldaten schon lange Braut; und die dicke Berta war eine Kanone von Krupp – darin kamen auch soldatische Frauenphantasien zum Ausdruck. Heute greifen sie nach den Sternen, nach Höherem. Sie nennen ihre phallischen Flugkörper Nike, Ariadne, Athene, aber auch Jupiter oder sogar Apollo. Sie sind einfach göttlich.

Zur Perfektion haben es die Dichter und Denker, Filmer und Produzenten der Reklamebranche gebracht. In ihrer Mach-Art lassen sie noch das toteste Gerät und den kältesten Kaffee zu blühend-begehrlichem Leben auferstehen. Sie hauchen den Waren-Dingen ein käufliches Leben ein, das zum alsbaldigen Verbrauch bestimmt ist. Ich will sie nicht überbewerten. Sie sind nur die lumpigen Oberlehrer der Nation in jeder pädagogischen Republik.

Doch wollte ich nur *einen* Schluß aus den Sprachaffären ziehen: Die elektrifizierte Maschinensprache im Reden über Lebendiges verkehrt es in totes Material, wogegen die Erwekkungssprache im Reden über Maschinen diese lebendig zu machen sucht. Die Abtötung des Lebendigen korrespondiert mit der Verlebendigung des Toten.

Das wäre ja nun ein brauchbar tragischer Schlußsatz gewesen. Aber ich habe auch etwas Versöhnliches zwischen den beiden Sprachentwicklungen gefunden. Zeichensysteme, die von den Kindern und Jugendlichen im Lande erfunden wurden, die ja in beiden Sprach- und Zeichenwelten der vereinigenden Reklamekultur aufwachsen. Ihre Erfindungen haben sich mittels der ihnen eigenen «Kommunikationstechnik» – also des Gerüchts – einfach herumgesprochen. Erwachsene haben etwas aufgeschnappt und die Erfindungen ziemlich schnell gefressen, also gelernt. Unverdaut wurde es in Journalen kommentiert. Die Jungen werden sich etwas Neues einfallen lassen.

Bei den Erfindungen handelt es sich um akustische Zeichensysteme, deren Lautverbindungen allen Dingwörtern als Eigenschaften vor- oder nachgestellt werden können. Insofern haben wir es mit einem universellen Vermittlungsinstrument zu tun, mit dessen Hilfe alle Dinge und Vorgänge mit der gleichen Erlebniseigenschaft belebt werden können. Die Lautfolgen – es sind nicht viele – können fast beliebig miteinander vertauscht, addiert und kombiniert werden.

Ich will versuchen, die Technik in sechs Kapiteln etwas übersichtlicher vorzustellen. Jeweils ein Element aus den Rubriken 1. bis 6., hintereinanderweg gelesen, ergibt einen Satz. Und was für einen.

1. Anrede: Ey du! Mensch Keule! Hast du das gecheckt? Und so weiter.

2. *Darum geht es:* Der Film, der Typ, die Tante, das Ding, das Feeling, die Nummer, der Trip, das Programm, der/die Alte, das Teil und so weiter.

3. *Das tut es:* bringt's, dröhnt, kommt, läuft, schäumt und so weiter.

4. *Geschmacksverstärker:* einfach, vielleicht irgendwie, wahnsinnig, volle Kanne und so weiter.

5. *So ist es:*

voll	hohl
echt	geil
total	horstig
mega	out/in
giga	edel
multi	gut
ober	cool
hyper	genial
super	schrottig
irre	toll
turbo	doof
cyber	spacig

Verschiebt man die beiden Wortkolonnen vertikal gegeneinander, erhält man weitere (zwölf hoch zwei) geflügelte Eigenschaften.

6. *Ausrede:* oder so! wa? oder wie? wenn überhaupt! sag ich dir! Und so weiter.

Ende der Durchsage.

Bleibt anzumerken, daß noch viele unregelmäßige Laute die Kombination anreichern können. Abartig, frustig, ätzend, nervig, rad-ab, kotz-würg (und so weiter) sind übliche Lösungen. Dagegen werden Additionen wie «oberaffentittengeil» nur noch von Partygästen ausgestoßen, die mega out sind.

Die neue Basissprache, wie ich sie nun doch nennen möchte, ändert sich schneller, als manche Leute denken können, schneller, als die Presse sie in Schrift pressen kann, schneller, als Sprachforscher sie dokumentieren und interpretieren, schneller, als der Duden ihre Bedeutung fixieren könnte. Das geht wie im Märchen vom Hasen und dem Igel.

Selbstverständlich sind die jugendlichen «Subkultursprachen» ausführlich dokumentiert, übersetzt und interpretiert worden. Sie sind auch längst ins Grundwasser der Umgangssprachen eingesickert. Doch wurden sie kaum als eigenwilliger, widerspenstiger Ausdruck der Bildung junger Sprachschöpfer betrachtet oder gar begrüßt, die den Dingen «ihrer Welt» Namen geben, die sie offenbar verdient haben. Wer vom «Sprachverfall» bei den Jugendlichen reden will, hätte sich zunächst und vor allem dem Verfall zuzuwenden, der ihn bewirkt haben könnte. (Das Beste, was ich in diesen Wochen zum Thema gelesen habe, wurde bereits 1984 in Heidelberg verlegt. Es sind die gekrönten Antworten von Uwe Pörksen und Heinz Weber auf die Preisfrage der Deutschen Akademie für Sprache und Dichtung: Spricht die Jugend eine andere Sprache?)

Dort, wo die Basissprache entsteht – nämlich an der Basis, bei den Kindern und Jugendlichen –, ist sie ein Ausdruck vagabundierender Mündlichkeit. Sie wird diffamiert durch eine Kultur, die sich für etwas Besseres hält als die Sprache ihrer Kinder. Aber diese «beschädigte» Sprache entzieht sich mit ihren Sprechern der Vereinnahmung durch die Erwachsenen, denen sie den Spiegel vorhält. Immerhin benutzen die jungen Leute die neuesten Wortblasen der High-Tech-Kultur so spielerisch wie deren Geräte und erscheinen doch als deren Opfer zugleich.

Diese phantasiebegabten Opfer finden es voll daneben und lachen sich echt einen ab, wenn der abgenervte Onkel vor der Klasse eine von ihnen loben will und sagt: «Du, Sandra, das finde ich total genial, wie du das eben so rübergebracht hast.» «Der ist so entschädigt, der Typ», sagen die Kleinen. Der hat noch nicht mal gefaßt, was «total genial» für eine tierische Beleidigung ist. Und «rübergebracht», o. k., vergiß es, «out of area». Sandra hebt den Arm. Mitleidskrise ist angesagt. Der Onkel kann weitermachen.

Ich frage mich nur, wie sie das machen. Wie erfinden sie die neuen Bedeutungen der altbekannten Wörter? Woher wissen sie, welche gerade out oder in sind? Denn die Wort- und Spruchbedeutungen sind zeitgleich in Berlin, Wien, Zürich, Bremen, Dortmund und München in oder out. Im Sauerland und im Hotzenwald sind sie eine Woche später auch in oder out. In England, Italien und Kanada soll es ähnliche Phänomene geben. Aus China, Mali und Usbekistan ist mir nichts bekannt. Im Fernsehen wurde von dem relevanten Kulturwandel kaum berichtet, es unterliegt ihm zeitweise selbst. Auch der bekannte Jugendforscher hat sich noch nicht zu Wort melden lassen. Kein Gerücht geht um. Nur ein Geheimnis liegt unter dem Land.

«Kinder brauchen Geheimnisse», hätte Bruno Bettelheim sie liebevoll zu verraten versucht, wenn er dieses Buch noch geschrieben hätte. Geheimnisse, eigene, geteilt nur mit Freunden von überall, das ist wie «Cyber-Space im Windkanal beim U-Bahn-Surfing». Hoffentlich überleben sie diese Phase. Ich werde die Geheimnisse nicht ausspionieren. Sie sind ihr Schatz; kein Wortschatz. Ich kenne nur ihr Vertriebssystem – und werde es nicht verraten. In dieser Angelegenheit bin ich zuerst Geheimnisträger und erst dann ganz Pädagoge: Sie können alles selbst herausfinden, verehrte Leserin, verehrter Leser. Reden Sie einfach mit den Mädchen und Jungs, anstatt nur die Ohren zu rümpfen. Machen wir uns nicht lustig über die, die es schon sind.

Und ich, was mache ich jetzt mit meinen angereicherten Wortschätzen? Ich präsentiere Ihnen auf den nächsten Seiten den Wortschatz der Bescheidwisser und Festredner. Der ist unsere eigenste Angelegenheit. Bauen Sie die Sprache der jungen Geheimnisträger nur äußerst vorsichtig ein, der Reinfall ist Ihnen sonst sicher.

Darüber hinaus wird es nötig sein, über die Phänomene, Gründe und Folgen eines erstaunlichen Um- und Fortbildungsprozesses weiter nachzudenken. Er ist von den Sprechern aller Fraktionen, Klassen, Geschlechter und Subkulturen, ja sogar mit Hilfe von Kulturproduzenten in die Welt gesetzt worden. Die Jungen sind die unbegriffenen Wortführer, die sich auch selbst nur verstehen, aber noch nicht begreifen. Nur *damit* sind sie nicht allein.

Wortschatz für Bescheidwissenschaftler und Festredner oder Reden ist Schweigen, Silber ist Gold

> Es genügt nicht, keine Gedanken zu haben; man muß auch unfähig sein, sie auszudrücken.»
>
> *(Karl Kraus)*

Doch die Realität stellt weitergehende Anforderungen an die Sprecher unserer Zeit. Heute geht es darum, im perfekten Ausdruck jeden Gedanken zu eliminieren. Antragsteller, Planungsschreiber und Gutachter, aber auch Debatten- und Festredner, Vertreter und Berater sind auf imposant formulierte Null-Lösungen existentiell angewiesen. Doch stellt sich das rechte Wort zur rechten Zeit nicht immer ein. Dem Elend wird jetzt abgeholfen!

Die gute alte Phrasendreschmaschine wird hier wiederaufgelegt. Dieses Formulierungshilfswerkzeug tauchte mit technokratischen Worthülsen zuerst im USA-Gesundheitsministerium auf («Time» v. 13.9.1968). Im April 1969 stand eine deutsche Fassung im «Reader's Digest». 1974 nahm Klaus Birkenhauer die Dreschmaschine in sein «Schreibtraining» (Reinbek) auf und ergänzte sie durch abendländisch-tiefsinnige Wortkombinationen. Seitdem erschien das Gerät in verschiedenen Varianten auf dem Graumarkt. Es wurde technisch hochgerüstet. Gegeneinander verschiebbare oder drehbare Scheiben kommen am häufigsten vor. Auch Uwe Pörksen berichtete in seinem wunderbar erschreckenden Buch «Plastikwörter» (Stuttgart 1989) über Begegnungen mit dem Phänomen der vierten Art. Inzwischen wurde mir auch von Programmierungsversuchen für die Bildschirmtextverarbeitung berichtet.

In die hier vorgelegte, gedankenlos erweiterte Radikalfassung habe ich den modernsten Wortschatz wichtiger Formulierer eingebaut. Meine Quellen sind allgemein zugänglich: «Beschlußvorlagen» öffentlich tagender Gremien und Parlamente, Gutachtertexte, Essays in ernsthaften Magazinen, erbauliche Festreden wider den Kulturverfall, Gesetzestexte, Nachrichten und Verordnungen, Bittschriften und Anträge um irgendwas, Parteitagsreden, Reklamespots und Talk-Shows, ja sogar eigene Versprecher, für die ich mich selbst nicht entschuldigen kann.

Verbraucheranweisung für potentielle Nutzer:
Wer das Buch nicht zerschneiden will, nutze die hiermit gewährte Kopierfreiheit. Die Wortkolonnen der Phrasendreschmaschinen sind streifenweise von unten nach oben abzuschneiden. Verschiebt man nun die Streifen vertikal gegen-

einander, erhält man einhundert hoch drei, also 1 000 000 elegante Null-Lösungen.

Mit dem Durchschieben des in jeder Spalte zuletzt genannten Wortes durch den Wortschatzschieber kann eine vorsichtige Problematisierung der Phrase angedeutet werden.

Die Wortkolonnen sind je nach Adressatenkreis und demagogischer Absicht systemtheoretisch-strukturalistisch, abendländisch-wertebewußt oder in beliebig eloquenter Kombination zu verwenden. Szenewörter wie geil, mega, super, turbo, echt, voll, total, out und genial sollten nur mit größter Vorsicht eingebaut werden.

Aufgrund der permanenten Wissensexplosion müssen die Wortkolonnen ständig ergänzt und revidiert werden. Auch dies ist durch die Nutzer gedankenlos machbar.

Wortschatzschieber für Projektmanager und Kongreßredner

abgearbeitete	Akkumulations-	Abstinenz
abgefederte	Aktions-	Akzeptanz
aggressive	Argumentations-	Alternative
ambivalente	Bedürfnis-	Analyse
curriculare	Belastungs-	Ansätze
dezentrale	Betriebs-	Beziehung
dialogische	Chaos-	Bilanz
digitale	Definitions-	Dimension
dynamische	Differenzierungs-	Ebene
elegante	Diffusions-	Energie
erotisierende	Entsorgungs-	Flexibilität
flächendeckende	Entwicklungs-	Gewalt
funktionale	Fluktuations-	Hegemonie
generative	Frustrations-	Hilfe
genetische	Führungs-	Identität
glaubwürdige	Generations-	Intelligenz
globale	Informations-	Interpretation
humankapitalistische	Innovations-	Konzeption
integrierte	Integrations-	Krise
interdisziplinäre	Interpretations-	Logik
konstruktive	Kapazitäts-	Mobilität
kontraindizierte	Kapitalisierungs-	Perspektive
konzentrierte	Koalitions-	Phase
kooperative	Kommunikations-	Philosophie

kostenneutrale	Konsumtions-	Planung
kreative	Kriminalitäts-	Politik
lernzielrelevante	Organisations-	Potentiale
marktgerechte	Orientierungs-	Potenz
multifraktale	Produktions-	Problematik
multikulturelle	Progressions-	Projekte
organische	Prüfungs-	Pubertät
permanente	Qualifikations-	Quote / Rate
professionelle	Regenerations-	Rechnung
programmatische	Rekonstruktions-	Relevanz
projektive	Relations-	Rezeption
reaktive	Sexualitäts-	Risiken / Defizite
reflexive	Simulations-	Schiene
relative	Sozialisations-	Sicherheit
sozialverträgliche	Staats-	Statistik
statusbedingte	Stabilitäts-	Stimulanz
synchrone	Übergangs-	Strategie
systemische	Überwachungs-	Struktur
temporäre	Vermarktungs-	Systeme
weibliche	Vernetzungs-	Tendenz
zielgerichtete	Wachstums-	Toleranz
zielgruppenorientierte	Wiedervereinigungs-	Überlast
zyklische	Zirkulations-	Variable
lächerliche	Verblödungs-	Witze

Wortschatzschieber für Festredner und Tiefsinnige

abendländische	Allmachts-	Ahnung
allgemeine	Aufbruchs-	Aussage
antike	Bekenntnis-	Bedeutung
blutvolle	Betroffenheits-	Bescheidenheit
deutsche	Bildungs-	Betroffenheit
dunkle	Bindungs-	Bewältigung
echte	Daseins-	Bildung
ehrwürdige	Entscheidungs-	Bünde
eigentliche	Erbauungs-	Demut
elementare	Erinnerungs-	Dreiheit
endlose	Erlebnis-	Einheit
epochale	Erleuchtungs-	Einsamkeit
ergreifende	Erlösungs-	Einsicht
erhabene	Erneuerungs-	Einstimmung
ernste	Erziehungs-	Elite
ewige	Existenz-	Erhellung
exzellente	Ganzheits-	Erschütterung
fanatische	Gedanken-	Führung
fundamentale	Gegenwarts-	Gelassenheit
gelebte	Geistes-	Gemeinschaft
gestaltete	Gesetzes-	Gestimmtheit
glaubhafte	Gesinnungs-	Gewißheit
grundlegende	Gestaltungs-	Gläubigkeit
heilige	Gewissens-	Heimat

herzerfrischende	Glaubens-	Hoffnung
höchste	Herzens-	Höhe
humanitäre	Kultur-	Klassik
innerliche	Lebens-	Liebe
lebendige	Leibes-	Macht
machtvolle	Leides-	Mitte
mannhafte	Licht-	Nation
metaphysische	Liebes-	Ordnung
mystische	Persönlichkeits-	Pädagogik
organische	Seelen-	Sorge
reiche	Seins-	Stimmung
seltsame	Soseins-	Tiefe
sinnhafte	Überzeugungs-	Tragödie
tiefsinnige	Unendlichkeits-	Tugend
unergründliche	Untergangs-	Verantwortung
unerschütterliche	Vaterlands-	Verbindung
unumstößliche	Verbundenheits-	Vergewisserung
verstehende	Vereinigungs-	Verlassenheit
verzweifelte	Vergangenheits-	Verpflichtung
wahrhafte	Vertrauens-	Verstrickung
wahrhaftige	Volkstums-	Verwandtschaft
wertvolle	Wahrheits-	Verwobenheit
wohlgefällige	Welten-	Verzweiflung
zerrissene	Wesens-	Werte
zukunftsträchtige	Zukunfts-	Zerstörung
idiotische	Idioten-	Idiotie

Unzeitgemäßes: Über die Bildung der Universität

In der deutschen Bildung nimmt den ersten Platz die Bescheidwissenschaft ein.

(Karl Kraus)

Einseitiges: Gerede

Die Universitäten und Hochschulen sind ins Gerede gekommen. Das ist für sie vielleicht besser, als wenn sie gleich totgeschwiegen worden wären. Sie sind sogar ins Reden gekommen, wie mitgeteilt wurde. Das scheint schon sehr viel zu sein für einen Ort, an dem die Sprache traditionsgemäß zur Verständigung vorgekommen sein soll.

Aber was ist das für ein Gerede? Erstaunlich finde ich, daß es beinahe ohne jeden inhaltlichen Gedanken auskommt. Gerade dadurch scheint es so gewichtig, bedrohlich und beflügelnd zu sein, je nachdem, wer es zu hören oder wer etwas zu sagen hat. Kurz, es handelt sich um ein Gerede von hoher Relevanz.

Das Gerede redet über Leistungen, Kapazitäten, Investitionen, Universitätsranglisten, Wissenschaftstransfers, Studentenschwemmen, Straffung und Kürzung des Studiums, Innovation in der Lehre, Kosten-Nutzen-Relation und Bedeutung. Aber was bedeutet die Bedeutung, was die Leistung, was und wie lehrt wen eine gute Lehre, worin besteht der

Nutzen von den Kosten, wer will welchen Nutzen von wem und wofür? So wird allenfalls flüsternd gefragt, und die Antworten wären notwendig kontrovers. Im Gerede aber offenbart sich ein Konsens, wenn auch ein minimaler. Also bleibt das Gerede formal bei der Form. Und da hat es auch nicht ganz unrecht: Die Form bestimmt den Inhalt – zumindest in seiner Form. («Denken wir an den Inhalt in der Form einer Flasche.»)

Wer die Universitäten nur als Qualifikationskanalsystem mit eingebauter Examensschleuse zur Regulierung der Studentenschwemme unter Abschöpfung der Elitereserven begreifen kann, darf mit dem derzeitigen Gerede über Hochschulreform einverstanden sein.

Was das für die Bildung bedeutet, steht auf den folgenden Blättern. Aber wie komme ich im Zusammenhang mit dem Gerede überhaupt auf Bildung? Vielleicht weil die jetzt noch mehr behindert werden soll? Wahrscheinlich habe ich das anstößige Wort in letzter Zeit zu oft vernehmen müssen. Ob seine Nutzer es ganz abschaffen wollen mit seinem Verbrauch im Gerede?

Bildungsreform, Bildungsetat, Bildungsdefizit, Bildungsminister, Humankapital-Bildung, überhaupt die Bildung des Kapitals (sie geht als Gespenst um in Europa), Bildungsgewinner und Bildungsverlierer, Bildungswerk, Bildungsentzug, Bildungstalsohle. Und dann war da noch, ganz oben beim Bildungskanzler, dieses Spitzengespräch über «Bildungsfragen der Gegenwart». Wäre es doch wenigstens ein Oberseminar mit dem gleichnamigen Buchtitel von Eduard Spranger gewesen, diesem pädagogischen Eröffnungsredner des ersten deutschen Bundestages 1949. Aber nun ist es völlig egal, was da am 11.11.1993 bestiegen, geredet, nicht beschlossen und von wo aus wieder abgestiegen wurde und wie viele Minister, Präsidenten, Referenten und Sekretäre des Staates zusammengekommen sind.

Am Ende blieb das Wort! Und das Wort war aus Bonn, eingebildet und niedergelassen zur Erde: BILDUNGSGIPFEL. Das ist ein Wort, auf dem man sich die Zunge zergehen lassen muß.

Natürlich ging es in dieser Höhe wirklich nur um den Gipfel. Jeder Schritt darüber hinaus hätte den unsicheren Absturz bedeuten können. Das Gerede ging also nur um die hohen Kosten der hohen Schulen. Der Zustand der allgemeinen Bildung in diesem Land war vom Gipfel aus nicht in Sicht. Nebel lag – von oben gesehen – über der Bildungslandschaft. Und der Bildung war es recht so.

In dieser unübersichtlichen Lage erklärte ein Ministerpräsident – und der Bildungskanzler nickte: «Wir brauchen wieder die Bildung einer wirklichen Elite!» Die halbe Versammlung signalisierte Beifall. Ein genervter Bildungsreferent aus Norddeutschland bemerkte am Rande: «Diejenigen, die eine Bildungselite fordern, sind sie in jedem Fall nicht, sonst hätten wir sie ja schon.»

Was mich betrifft, so habe ich an einer Universität noch einiges vor, und das liegt jenseits des Geredes, in das sie gekommen ist. Es geht mir tatsächlich um Bildung. Und ich glaube, daß sie in der Zusammenarbeit mit den Menschen an diesem Ort auch entstehen kann. Ich arbeite gern in Seminaren, Projekten und darüber hinaus mit Studierenden und anderen Lehrenden zusammen. Wir versuchen, das große Privileg der verfügbaren Zeit und der Freiheit unserer Forschung und Studien zu nutzen. Und wir suchen auch das öffentliche Gespräch darüber. Wäre das nicht so, wären die nächsten Seiten gegenstandslos.

Meine Gedanken verdanken sich also auch dem widerspruchsvollen Gebilde Universität, das ich hier kritisch betrachten werde. Ich frage nach dem Zustand ihrer Bildung, die in ihrem Anspruch noch erwähnt wird. Ist das mehr als nur der Wahn einer ganz anderen Praxis?

Meine Gedanken sind unzeitgemäß und einseitig dazu. Aber sie sind Teil einer Seite, die im zeitgemäßen Gerede über Bildungsreform in der Minderheit ist. Sie betreffen den ersten Teil dieses Doppelwortes.

Ansprüche

«Die Universitäten müssen sich auch heute die Frage stellen, ob sie ein abseitiger Elfenbein- oder besser Betonturm sein wollen, oder ein gesichts- und profilloses, einem jeden verfügbares Dienstleistungszentrum, oder aber ein beziehungsreicher und eigenständiger Ort der Nachdenklichkeit, an dem eine Gesellschaft sich verständigt über sich selbst und ihre Zukunft.»

So schrieb es Christian Marzahn, damals Konrektor der Bremer Universität im Mai 1989, und ähnlich wird es immer wieder in akademischen Festreden formuliert. Würde die Universität der hochgestellten Aufgabe gerecht, könnten wir weniger kritisch über ihren Zustand, ihren Sinn und ihre Möglichkeiten nachdenken.

«Die Universitäten müssen sich auch heute die Frage stellen...», schon stutze ich. Können sie das? Sind sie denn Subjekte ihres Handelns, die es vermöchten, sich selbst eine Frage oder gar sich selbst in Frage zu stellen? Sind sie mehr als eine bewußtlose Ressource, die zusammenhanglose Antworten auf irgendwelche Anfragen von oberhalb produziert?

Die Idee einer sich fragenden, reflektierenden Universität, die hier von einem hohen Repräsentanten dieser Institution, ganz im Gegensatz zur vorherrschenden Tendenz, reklamiert worden ist, greift auf Vorstellungen universeller Bildung und Wissenschaft zurück. Sie sind zu Beginn des vorigen Jahrhunderts von Humboldt, Schleiermacher, Schelling, Fichte, Hegel und anderen für die damaligen Universitäten formuliert worden. In Einsamkeit und Freiheit sollte die Gemeinschaft der Professoren und Studenten die Universität bilden. Deren Aufgabe sollte die Erkenntnis der Wahrheit jenseits der gerade herrschenden Interessen sein. Folgerichtig galt das Philosophieren und seine Fakultät als Mittelpunkt der sich aufklärenden Universität.

Die Beteiligten wollten souverän sein in dieser Gelehrtenrepublik, nicht an Weisungen gebunden, auch nicht an Aufträge, verantwortlich nur der Erkenntnis, also auch der Humanität. Nur in dieser Freiheit, so glaubten sie, könnten Forschung, Lehre und Studium, Bildung und Kunst zum Wohl der Menschheit gedeihen.

Selbstverständlich sollten diese Prinzipien den Zugriff des Staates, der Wirtschaft, also Dritter, auf die Universität begrenzen. Man wußte sehr wohl, daß die Indienstnahme der Wissenschaften für die jeweils behauptete Nützlichkeit der Wahrheitsfindung nicht dienlich sein konnte.

Um sich die Radikalität dieser Vorstellungen vor Augen zu führen, wäre die Schrift Wilhelm von Humboldts neu zu lesen, in der er die Grenzen der Wirksamkeit des Staates zu bestimmen suchte. Es wäre überhaupt verlockend, die knapp 200 Jahre alten Ideen der deutschen Universitätsgründer hier wieder zur Sprache zu bringen. Dabei könnte deutlich werden, wie aktuell, ja revolutionär einige ihrer Vorstellungen heute noch oder heute erst sind. Der Versuch würde hier zu viele Seiten füllen. Deshalb verweise ich auf ein wichtiges Buch, in welchem die heutige Universitätspraxis mit ihren besseren Möglichkeiten konfrontiert wird: Gerhard Vinnai, Die Austreibung der Kritik aus der Wissenschaft, Frankfurt a. M. 1993.

Was damals durchaus elitäre Praxis des männlichen Bürgertums bleiben mußte und später zur Ideologie wurde, als die Idee zur Festrede verkam oder gar als verwirklicht unterstellt wurde, das könnte heute auch aufgrund des problematischen Reichtums demokratisierter Republiken eine zugängliche und freie Stätte der Erkenntnis sein. Sie könnte in all ihren Bereichen in vernünftiger Weise der Wahrheit und moralisch wenigstens den Rechten der Menschen verpflichtet sein. Von kaum etwas ist die heutige Universität weiter entfernt als von der Verwirklichung dieses Anspruches.

Aber: Die Idee einer freien Universität ist unvollendbarer Aufklärung geschuldet. Ihre Hoffnung auf das sich befreiende und in der Menschheit gebundene Subjekt ist uneingelöst. Sie wäre auf die Gegenwart durchaus dialektisch zu beziehen und nicht in bewußtlosem Funktionsgehorsam zu sabotieren.

Bekanntlich wird der Bezug auf die aufklärerisch-humanistische Bildungs- und Universitätsvorstellung mit dem Hinweis abgeschmettert, daß diese Konzepte idealistisch, veraltet und in der Realität gescheitert seien. Wenn Hoffnungen oder Theorien an der Realität scheitern, spricht das nicht immer gegen diese Hoffnungen oder Theorien. Wenn Ideen, die in der Geschichte ihren Ort haben, zur Legitimation der Barbarei herhalten müssen, so kann dies an den Ideen, aber auch an der Barbarei selbst liegen. Manchmal ist beides der Fall, und es wird darauf ankommen, die Widersprüche in den Fortschrittsmythen auch der Aufklärung aufzuklären. Die Widersprüche und Gegensätze zwischen Christentum und Kirche, zwischen Sozialismus und Stalinismus, zwischen kultureller Eigenständigkeit und nationalistischem Wahn, zwischen bürgerlichen Freiheitsrechten und kapitalistischem Sachzwang-Imperialismus, zwischen Wünschenswertem und Gemachtem, zwischen Absicht und Folge bieten Beispiele für eine Dialektik der Aufklärung. Dabei ist zu bedenken, daß die Gescheiterten, die Mißbrauchten und die Besiegten nicht als Beweis für die Falschheit ihrer Vorstellungen oder gar für die Richtigkeit der Siegerkonzepte taugen. Die uneingelösten Hoffnungen derer, die sich Besseres als den bestehenden Zustand der Welt wünschen, sind der Menschen würdiger als der Hohn und die Gewißheiten ihrer Besieger.

In diesem Sinne wünsche ich, daß die Bildung unseres Unterscheidungsvermögens gelingen wird.

Sprachlos: Jargon der Bescheidwissenschaft

«Je näher man ein Wort ansieht, desto ferner sieht es zurück» (Karl Kraus). In den säkularen Betontempeln der Wissenschaft und Bildung, in den Hoch- und Tiefschulen wird viel geredet, geschrieben und sogar gelesen.

Wissenschaftler, die sich unter dem Schleier der Nützlichkeit ihrer eigenen Verwertung verschrieben haben, verwenden heute eine Sprache, die genauer sagt, als sie selbst es wissen, was es mit ihrem Treiben auf sich hat. Sie verbergen ihre Gefühle, also auch Ängste, Wünsche und möglichen Erkenntnisse in Sprachgebilden, die neutral und objektiv zu sein scheinen, es aber ganz und gar nicht sind: In der didaktischen

Pädagogik von Studiengängen und «Leistungskursen» zum Beispiel geht es um Kontrolle und Beherrschung, wenn jemandem der «Lernprozeß zur Erreichung operationalisierter Lernziele nach einheitlichen Lern- und Kontrollverfahren zur Optimierung des Ausbildungsstandards und der Erfolgsquote» gemacht werden soll. Das klingt nicht nur nach Straf- oder Produktionsprozeß, das könnte auch einer sein. Von Eigensinn, Erkenntnis und Freiheit kaum eine Spur. Nur als Widerspruch bleiben sie noch enthalten und denkbar.

Die militärisch deutsche Rede von den «Abc-Schützen», denen die Unter-Richter an der «pädagogischen Front» gegenüberstehen, um sie in «ordentlichen Lernprozessen» durch die Zensur zu einer Position im «Lebenskampf» zu verurteilen oder zu berechtigen, ist schon schlimm. Es gibt an ihr nichts zu «verteidigen». Sie hat allerdings einen sinnlichen Gehalt im richtigen Ausdruck für eine falsche Angelegenheit. Wer diese Sprache kritisieren will, kommt an der Kritik der kriegerischen Zustände, die sich in ihr artikulieren, nicht vorbei.

Die neuen Plastik- oder Nullwörter tragen entsinnlichte «Intersubjektivität» als subjektlose Sachlichkeit vor, die nichts von sich weiß. Sie werden auch da noch eingesetzt, wo es um das Leiden und die Hoffnungen der fürsorgerisch entmündigten und verwalteten «Adressaten, Patienten, Klienten und Rezipienten in diversen Zielgruppen» zu gehen nur scheint. Wir alle sind verzielgruppt worden.

Was soll man beispielsweise darunter verstehen, wenn wissenschaftlich sich anerkennende Kapazitäten in dunkler Überlaßtprogrammatik von kapazitätsrelevanten Curricularnormwerten, klientenorientierter Praxisrelevanz, prüfungsabschichtender Leistungskontrolle, von Transferbilanzen oder vom internationalen Standard ihres Forschungs- und Qualifikationsniveaus faseln?

Welcher Handlungsbedarf und Planungsstreß wird in omnipotenzphantastischem Gerede verborgen, wenn auf der demokratischen Schiene dieses oder jenes Programm rauf- und runtergefahren oder einfach durchgezogen werden soll, um es flächendeckend abzuwickeln und bei uns Stimmbürgern zur Akzeptanz zu bringen, indem es sozial abgefedert wird? Diese strategische «Entsorgungssprache» der Macher macht mir Sorge, weil sie verspricht, was ihre Sprecher und deren Auftraggeber zu halten drohen: Alles plan- und plattmachen, und zwar methodisch sauber und system-artig abgearbeitet.

Die Sprache verfügbarer Wissenschaft gibt sich universell. Sie läßt ihre Niederschläge auch in die Institutionen verschulter Bildung tröpfeln. Dort treiben sie im Wasser des Gleichgültigen traurige Blüten. Auch in die Sprache des Umgangs und der Politik ist das destillierte Sprachwasser eingesickert. Es dient dort der Glaubwürdigmachung des Unglaublichen mit Hilfe des wahrsagerischen Mythos, den Wissenschaft inzwischen umgibt. Ihm wollte sie einst vernünftig begegnen.

Erschreckend an dieser Sprache ist ihr Verlust an sinnlicher Vorstellung der Dinge, über die nur noch unbegriffen verhandelt wird, und zwar in einem positiven *Jargon der Unvermeidlichkeit*: «Alle Ähnlichkeiten mit wirklichen Vorgängen sind tatsächlich rein zufällig – und das ist wirklich beabsichtigt.» So müßte der Vorspruch mancher humanwissenschaftlichen Abhandlung lauten, in der das humanum nur noch als intersubjektive Leiche zu irgendeinem variablen Faktor verwest. In diesem Jargon zeigt sich eine auf das Konkrete nur zielende mimetische Metaphorik – also Ähnlichkeit –, welche die sinnliche Dürre des Gedankens zu verbergen sucht, mit der sie ihre Gegenstände überzieht. In den sozial abgefederten Null-Lösungen werden Projekte durchgezogen, denen sich die rasanten Wissenschaftler im wörtlichen Sinne verschrieben haben. Sie sind Teil des Unvorstellbaren, das mit dem fortschreitend Bestehenden identisch ist. Insofern ist auch die Plastiksprache adäquater Ausdruck dieser Realität und nicht mehr.

Wo die Vorstellung über das Machbare und seine Folgen verschwindet, schwindet auch dessen Verantwortbarkeit durch die Macher. Sie wissen dann weder, was sie tun, noch was sie sagen (Günter Anders). Da helfen auch keine Ethikkommissionen. Nur die unbegriffene Wirklichkeit kann einem Fortschritt geopfert werden, der von der Kritik, die das Wort «fort-schreiten» noch enthält, nichts mehr weiß. Die Rückholung der Vorstellung, also auch die Wiedergewinnung der sinnlichen Wahrnehmungs- und Vorstellungskraft, wäre heute revolutionär. Sie erlaubte Erkenntnis und ein Interesse für das eigene Tun sowie die Ablehnung der Verantwortung für das unvorstellbare, verletzende Treiben der riskanten Gesellschafter im Hier und Jetzt ihres allseitig beschränkten Welthorizontes.

Nekrophilie – Verliebtheit in das Leichenhafte –, so nannte Erich Fromm eine Haltung, die in der Furcht vor der Freiheit einen Grund haben könnte. Die Furchtsamen suchen Sicherheit in autoritären Systemen und betreiben die Abtötung des bedrohlich Lebendigen auf dem Standard des gerade erreichten, trostlosen Weltniveaus. «Keine Experimente!» wollen diese Autoritären im kulturellen und intellektuellen Leben der Universität zulassen. Aber sie haben keinerlei Hemmungen, Millionen für Crashexperimente auszugeben.

Welche Furcht vor welcher Freiheit – auch der Erkenntnis – versteckt sich im Vollzugswortschatz standardgetrimmter Wissenschafts- und Bildungsfunktionäre in den Planungssekretariaten der «Vorhaben»? Nur selten geht es ihnen um mehr als um das «Austüfteln von Machbarkeiten» (Ivan Illich) im Dienste der Mittelgeber. Ich gäbe ein Königreich – oder sagen wir, in Ermangelung dieses Einsatzes, ein Monatsgehalt – für das Rezept, mit dem moderne Wissenschaftler zum Nachdenken über ihre Betriebsamkeit gebracht werden könnten. Daß sich auch Geisteswissenschaftler, Lehrer und andere «Kulturproduzenten» am unreflektierten Treiben beteiligen, zeigt, wie es um den Geist steht. Keineswegs liegt nur die Sprache der Naturwissenschaftler, Techniker, Planer und Journalisten zur Kritik an.

Bildung bleibt den Lernprozeßmachern vorenthalten, solange sie nicht wenigstens beginnen, ihre Sprache zu begreifen. Dabei müßten sie sich auch kritisch dem zuwenden, was sie betreiben, was in ihrem Bereich möglich gewesen wäre und was sein könnte.

Gäbe es nicht den Widerspruch der Objekte ihrer Schulungen, der sich nur allzuoft in Resignation, Gewalt, Enttäuschung und Selbstzensur äußert oder manchmal in rasanten, kurzatmigen Gegenläufen – mein eigener Widerspruch wäre in keiner Weise spruchreif.

Leicht ließe sich in einer genaueren Untersuchung der Sprache der Wissenschaften zeigen – gerade auch derjenigen, welche die Worte «Geist» und «sozial» nur noch mit halbem Recht vor sich setzen –, wie es um die Bildung ihrer Sprecher bestellt ist. Die mögen mit ihrer einfältigen Herrschaftssprache sich selbst und ihre Angst beherrschen. Doch die Sprache ist es, die es «vor ihren Sprechern voraus hat, sich nicht beherrschen zu lassen» (Karl Kraus).

Vielleicht ist es deshalb kein Zufall, daß immer, wenn ich Genaueres und Geistvolleres über die Gesellschaft und ihre Menschen erfahren will, an die Künstler mich wenden muß, an deren Romane, Theaterspiele, Bilder, Essays, Gedichte und Melodien. Sie enthalten mehr Weisheit als viele soziologische, psychologische oder pädagogische Texte. Es könnte ja sein, daß vor allem die Dichter und Schauspieler noch etwas zusammenhalten konnten, was die Wissenschaften spezialistisch zerlegt und verdrängt haben: eine Vorstellung von der Welt, vom geschundenen und möglichen Leben.

In Deutschland dürfte es um 1848 herum passiert sein, daß der Zusammenhang von Bildung, Wissenschaft und Kunst, Natur, Körper, Geist und Seele in der Sprache endgültig auseinandergebrochen worden ist. Für eine philosophierende Pädagogik waren die wichtigen Werke vor dieser Zeit Kunst und Wissenschaft zugleich. Über sie wird immer noch geredet.

Und heute? Wer so forschte und schrieb wie Erasmus im «Lob der Torheit», der böhmische Bruder Comenius im «Labyrinth der Welt», Rousseau im «Emile», Sankt Pestalozzi in «Gertruds Kinderlehren», Goethe im «Wilhelm Meister», Keller im «Grünen Heinrich» oder Kleist beim Verfertigen der Gedanken – von des großen Engländers Zähmung der Widerspenstigen ganz zu schweigen –, wer so schriebe, würde heute vielleicht in einer Talk-Show vorgeführt werden. An einer antiquierten Reformuniversität würde er von den Gremien, die über die Philosophie hinter dem Doktor (phil.) zu befinden haben, wohl kaum zu einer Promotion zugelassen werden.

Und doch zehrt die ganze Geisteswissenschaft von jenem lebendigen Stoff der Dichtung und des Theaters, den sie heute verdrängt; der nur noch als Zitat einigen ihrer Sätze den Glanz philosophisch-literarischer Bildung verleihen soll, der ihr aus eigenem Verschulden so völlig abhanden gekommen ist.

Aber es gibt Gegenbewegungen. Wenn die Sprache in den hohen Schulen kein Zuhause mehr findet, sucht sie sich andere Orte. Die Klügeren gehen fremd. Die Künstler treiben quer. Sie mischen sich ein. In öffentlichen Debatten, Schauspielen, in Freundeskreisen und Bürgerbewegungen wird – wenn auch leise – über sich und die Welt gesprochen.

Standard: «Ist das denn Wissenschaft?»

Die Frage gerät zur Zensur des Denkens auf den Wegen der Forschung und des Studiums – also bis in die Inhalte hinein: «Sie sind nicht hier, um zu denken, sondern um zu studieren.» «Wer die allgemein anerkannten Standards der Wissenschaft nicht akzeptieren will, hat hier nichts zu suchen.» (Als ob solche Sprecher etwas suchten.)

Mit derartigen Sätzen wird der Geist verabschiedet und den vorausgesetzten Gegebenheiten unterstellt. Die hat er zu reproduzieren, anstatt zu reflektieren. Was einst Disziplin genannt wurde, wird zum disziplinierenden Tabu gegenüber allem, was dem «Geschäft» der Wissenschaftler und damit dem bestehenden Zustand zu widersprechen droht. Solches Tabu verdinglicht den Geist in ein Bewußtsein, das bewußtes Sein, also auch den Widerspruch verdrängt.

Repressiv im ideologischen Apparat der Wissenschaften ist heute vor allem, was sich selbst als Standard begreift, weil es zu Besserem und Schönerem nicht zu greifen wagt. Wer im Standarddenken sich den als Luxus erscheinenden freien Geist versagt, will auch keinen anderen darüber hinaus denken lassen. Alles, was sich vor der Kontrolle der zur eigenen Fesselung errichteten Norm nicht verbeugen will, gilt als Bedrohung des nun endlich erreichten «Niveaus» der sich auf

Kongressen schulterklopfenden Fachkollegen. Wenn solche Wissenschaftler die Infragestellung ihrer Standards als unwissenschaftlich denunzieren, schließt ihre Behauptung eine doppelte Lüge ein: erstens in der Sache und zweitens, weil sie sich für wahr hält.

Jede bedeutende Erkenntnis setzte die Verletzung und Kritik der Normen voraus, die das Denken im Bestehenden fesseln sollten. «Wissenschaftlichkeit» als Zensurbegriff bedroht die freie Möglichkeit des Geistes. Gerade in der reflektiert eigenwilligen Haltung gegenüber befremdlichen «Objekten», also im Umgang mit den Phänomenen der Welt, kann Erkenntnis und Wissen erschaffen werden. Wo dagegen Methode und Verfahren kontrolleurhaft über die Bewegungen des Gegenstandes triumphieren, wo das «Intersubjekt» zum Fetisch einer vermeintlichen Objektivität erklärt wird, geraten gerade die Subjekte selbst unter die Räder. Sie werden in den Apparaten eines Betriebes verdinglicht, der um seiner selbst willen läuft. Dies ist mit dem, was er dienstbeflissen reproduziert, identisch.

Es ist klar, daß die zensorische Ver-Wissenschaftlichung die Reflexionsfähigkeit des Geistes zumindest behindert, indem sie Denkverbote errichtet und freiheitfürchtend einschränkt. Wie diese Praxis funktioniert, wäre leicht an der Behandlung unbotmäßiger Forschungsprojekte durch Kommissionen und etablierte Gutachter zu zeigen. Auch die Anerkennungspraxis durch fachkollegiale Studiengangskommissionen gegenüber Lehrveranstaltungen, die in Thematik, Arbeitsweise und Fragestellung den bornierten Rahmen angeblicher Fachstandards und Prüfungsvorgaben sprengen könnten, gibt zu denken. Nicht selten ist vorbeugende Selbstzensur bei Lehrenden und Studierenden, die sich noch anderes als das Gegebene wünschen, Folge und Wirkung zugleich. Sie wollen den Behinderungen des Geistes aus dem Wege gehen, indem sie die Zensur schweigend, also akzeptierend, verfestigen. Daß Bildung, deren Gegenstand Freiheit und deren Weg Befreiung heißen, sich unter diesen Umständen vor allem als Widerspruch ereignen wird, ist ihre Möglichkeit und Begrenzung zugleich, kurz: ihre minoritäre Praxis.

Praxisbezug: Ein trojanischer Klepper

Verstärkt wird die Borniertheit der vorherrschenden Praxis des Wissenschaftsbetriebes durch das, was über sie hinauszuweisen nur scheint: durch den sogenannten Praxisbezug. Wissenschaft könnte die Praxis einer freien Tätigkeit des Geistes sein, die sich der Erkenntnis des Wahren zuwenden dürfte. Solche Tätigkeit wäre aufklärende Beziehung zur Welt, zu ihren Phänomenen, ihrer Geschichte, also zu einer umfassenden gesellschaftlichen Praxis, zu der sie selbst reflektierend gehört. Denn das Sein bestimmt schließlich nicht nur das Bewußtsein. Indem das Sein des Bewußtseins zum bewußten Sein werden kann, bestimmt auch das Bewußtsein das Sein zum Bewußtsein – und so weiter. In dieser unkonstruktivistischen Dialektik hätte wissenschaftliche Praxis ein Versuch zur Aufklärung der Mythen zu sein, keineswegs ein neuer Mythos. Sie könnte im Verein mit der Kunst sogar die Schönheit der Dinge einsichtig machen. So gesehen wäre Wissenschaft erkennender Eingriff innerhalb gesellschaftlicher Praxis und nicht nur auf sie bezogen.

Wenn nun zusätzlich ein Praxisbezug gefordert wird, ist offenbar eine bestimmte, also eingeschränkte Praxis gemeint und nicht nur die Wahl von Gegenständen der Erkenntnis aus «praxisrelevanten Bereichen». Begriffe wie Berufspraxis, Praxisfeld, Regionalbezug, Wissenschaftstransfer, Vertrags- und Auftragsforschung, Handlungs- und Anwendungsorientierung, Klientel, Zielgruppe und Praxisrelevanz haben Konjunktur. Sie verweisen auf den möglichen Zweck dieses Praxisbezuges und damit auf eine zweckdienlich eingeschränkte Funktion der Universität und ihrer Wissenschaft. Der Austausch des Begriffs Bildung, so uneingelöst er auch immer gewesen sein mag, durch Wörter wie Berufsausbildung, Qualifikation oder Informationsvermittlung zeigt die Reduzierung von Lehre und Studium durch den beschränkten Praxisbezug auf das Niveau der real existierenden Verhältnisse und des gerade Verwendbaren. Meine Kritik richtet sich also keineswegs gegen eine universitäre Bildung berufstätiger Menschen, im Gegenteil, sie bleibt allgemein zu wünschen übrig.

Im Protest der Studentenbewegung nach 1968 wendete sich die Forderung nach einer gesellschaftlich relevanten Praxis der Wissenschaften kritisch gegen die selbstgenügsame Abgeschiedenheit der Ordinarienuniversität. In ihr wurde eine kritikwürdige Praxis verdrängt oder mystifiziert. Der Elfenbeinturm galt als Symbol dafür. Ich will ihn nicht restaurieren. Doch führte sein Abriß und seine Wiedererrichtung als Flachbau nicht gerade zur Verbesserung des Überblicks, der Weitsicht und zur Horizonterweiterung in schöner Aussicht. Erkenntnis braucht Nähe und Distanz zu ihren Gegenständen. Mit dieser schlichten Einsicht könnte die Geschichte vom Elfenbeinturm doch noch eine Fortsetzung erfahren (E. Panofsky).

Das Richtige in der Kritik der Studentenbewegung enthielt Falsches. Das schlug sich schnell in einer bornierten Forderung nach bloßem Berufspraxisbezug des Studiums und nach der Nützlichkeit der Forschung für diese oder jene Interessen zu Boden. Dabei wären gerade die Berufe und Interessen sowie die Benutzerfreundlichkeit von Ausbildung und Forschung einer durchaus praxisrelevanten Kritik zu unterziehen gewesen. In der Atom-, Kriegs-, Erziehungs-, Gesundheits- und Entwicklungsforschung beispielsweise ist dies durch Minderheiten auch geschehen und von Bürgerbewegungen politisch zur Geltung gebracht worden. Aber zweifellos erwärmten diese Versuche nur die Spitzen von Eisbergen. Deren Abschmelzung wird – im Gegensatz zu den wirklichen Eisbergen – nicht sehr machtvoll betrieben.

Der jetzt übliche Praxisbezug war also bereits in den «kritisch induzierten Modernisierungsschub» nach 1968 eingebaut. Er ist der Universität keineswegs nur von außen zugemutet worden. Andernfalls wäre ihr Umbau zu einem Service-Betrieb für alles Machbare nicht so reibungslos durchzuziehen gewesen. Selbstverständlich wurde von außen kräftig und am Rande der Legalität nachgeholfen. Es ist ja bekannt, welche «Ordnungsmittel» Behörden und mächtigen Interessenten zur Verfügung stehen, um vorauseilenden Funktionsgehorsam im Inneren der Institutionen herzustellen. Sie taugen auch dazu, Unbotmäßiges mittelmäßig zu machen. Die wichtigsten Mittel dafür sind die «Mittel» selbst. Sie sind wirksam im Verbund mit bürokratischen Verordnungen, Berufungspolitik, Einverständnis, Kontrolle, Hierarchie und Gleichgültigkeit.

Ein ganz anderer Praxisbezug wurde gleichzeitig beinahe völlig beseitigt. Ältere Mitarbeiterinnen und Mitarbeiter aus den Schreib-, Verwaltungs-, Betriebs- und Bibliotheksdiensten erinnern sich noch. Sie haben nach 1970 die Arbeit zumindest in einigen Reformuniversitäten maßgeblich mitbestimmt. Inzwischen sind sie zur schweigenden Dienstleistung gebracht worden. Doch bleiben sie Zeugen einer Hoffnung, von der ihre etablierten Träger von einst nichts mehr wissen wollen. Die Wegrationalisierung des Rates, der Erfahrung, der Freundlichkeit und Verantwortung dieser Menschen ging im Gleichschritt mit der Etablierung des riesigen Büros, in welchem Forschungsaufträge, Dienstverträge und Studienverläufe, aber auch Menschen mit Ideen und Gefühlen nur noch abgearbeitet und selbst-verwaltet werden sollen. Dagegen sträubt sich viel und regt sich Widerstand.

Ein hoffentlich nur vorläufiges Endergebnis der bornierten Praxisbezüge besteht darin, daß sich nicht die professoralen Wissenschaftsfunktionäre in den Universitäten verteidigen müssen, die ihre und anderer Arbeit fragwürdigen Zwecken opfern und sich den potenten Interessenten andienen, die das Studium verschulen und die Studierenden nur zu brauchbaren Berufsanfängern abrichten wollen (was ihnen übrigens nicht einmal gelingt). Verteidigen müssen sich diejenigen, die ihre Gegenstände, Fragen, Methoden und Perspektiven in der Suche nach Erkenntnis und Gestaltungsmöglichkeiten frei bestimmen wollen. Verteidigen müssen sich alle, die der kritischen Reflexion der Zustände, zu denen die Wissenschaft gehört, und die der Freiheit der Studierenden Raum geben, also einen emanzipatorischen Anspruch der Universität einlösen wollen – da, wo sie sind.

Die ziemlich hemmungslose «Normalisierung und Konsolidierung» der Universitäten zu sanierungsbedürftigen Betonköpfen scheint halbwegs gelungen. Nur die sogenannte Studentenlawine, auch «Überlast» genannt, muß noch weggeschaufelt werden. Man fragt sich, welcher Schaden eigentlich in einem Volk angerichtet wird, wenn ein Drittel seines Nachwuchses hochschulgebildet ist. Wenn das ein Schaden ist, dann sind entweder die Hochschulen so schlecht, daß man sie nur noch einer ganz kleinen Minderheit zumuten kann, oder sie sind immer noch so gut, daß ihr Programm für die Mehrheit als jugendgefährdend bezeichnet werden muß. Die Lage wird von den Spitzen der Bildungsgipfel natürlich ganz anders übersehen.

Immerhin ist die Normalisierung der Universitäten derart solide gelungen, daß sich ihre Repräsentanten von den Klügeren aus Industrie, Handel und sogar Politik inzwischen sagen lassen müssen, eine Universität habe auch ein interessanter, anregungsreicher, kultureller Ort zu sein, der seine Aufgaben vor allem in der Reflexion, Kritik und im Neudenken der Verhältnisse erfüllen sollte. Wenden sich jetzt auch die Fronten? Dabei haben sich die Wissenschaftsbeamten in den Behörden und ihren hohen Schulen doch große Mühe gegeben, gefällig zu sein. Soviel Undank war nie.

Wahrscheinlich haben diese Gescheiteren unter den Führungskräften der Wirtschaft längst erkannt, daß eine langweilige, bürokratische Universität mit ihren lächerlichen Berufspraxisbezügen nicht einmal in der Lage ist, phantasievolle, selbstdenkende, konstruktive und kreative Teamworker für die Führungsetagen von Wirtschaft, Politik und Verwaltung hervorzubringen. Bisher war ihnen das auch ziemlich egal.

Sie haben ihren wissenschaftlichen Nachwuchs sowieso im eigenen Hause nachgebildet. Aber dazu muß er wenigstens vorgebildet und vorsortiert sein.

Die völlige Austreibung des Geistes aus den Universitäten scheint selbst den krisengeschüttelten Geistern des Kapitalismus nicht mehr ganz geheuer. Sie brauchen auch von dort neue Ideen, damit sie weitermachen können. Und sie wissen, daß die Fähigkeit zu diesen Ideen nicht in den Sackgassen gescheiterter Berufspraxis erworben werden kann. Alternative Ideen sollen integriert werden, aber dazu müssen sie erst einmal hervogebracht worden sein. Und das geht nicht, indem man sie nur unterdrückt und bekämpft. Risikoforschung allein reicht nicht zur Produktion von neuen Ideen. Da hat die Integration der kritischen Ökologieforschung und entsprechender sozialer Bewegungen wesentlich mehr Bewegung in den Markt gebracht, so lästig die politischen Begleitumstände auch immer gewesen sein mögen und zum Teil noch sind. Nicht die Industrie, sondern die Kritiker und ein demonstrativer Widerstand haben Sicherheitsstandards durchgesetzt, die zum Beispiel deutsche Atomkraftwerke für eine gewisse Dauer zu Spitzenerzeugnissen auf dem Weltmarkt gemacht haben. Ohne das von ihnen bewirkte Umdenken wären der expandierende Markt für «umweltfreundliche Produkte» und damit diese Produkte selbst nicht zustande gebracht worden.

Dieser Absatz mag zynisch klingen, er scheint aber so gemeint zu sein. In einem Streitgespräch formulierte es der Vertreter ausgerechnet eines Chemiekonzerns etwa so: «Sie werden lachen, aber wenn es diese ökologischen Forscher und Bewegungen – die uns manchmal erhebliche Probleme bereiten – nicht gegeben hätte, wir hätten sie erfinden müssen. Das wäre uns natürlich auch mit hohem Kostenaufwand kaum gelungen. Weder Produktplanung noch Marketing hätten mit Bordmitteln unsere jetzige Palette hochwertiger und umweltfreundlicher Erzeugnisse und deren Akzeptanz auf dem Markt erreichen können. (...) Gerade unsere jüngeren Mitarbeiter, die als Studenten in den ökologischen Zusammenhängen engagiert waren, gehören zu unseren fähigsten Leuten.»

Neuerdings wird versucht, das «Innovationspotential» der Nachwuchsintelligenz mit Elitebildungskonzeptionen zu gewinnen. Über Aufbaustudiengänge graduierter Kollegs- und Spezialförderungen sollen die Auserwählten aus dem verwalteten Massenstudium herausgebildet und privilegiert werden. Die anderen, die jetzt zur Studentenschwemme und später zur Akademikerschwemme gezählt werden, sollen in fachlichen, zeitlich limitierten Ausbildungsgängen kanalisiert und dann durch ein berufsqualifizierendes Examen geschleust werden. (Hoffentlich übertreibe ich.)

Der in diesem Konzept zum Ausdruck kommende Elitebildungswahn hat mit Bildung selbstverständlich nichts im Sinn. Die dient gegenwärtig sowieso nur zur Begründung von Maßnahmen, die sich als Reform verkaufen lassen. Bildung wäre auch eher ein Bremsklotz am Standortbein Deutschlands. Oder glaubt jemand ernsthaft, daß für Entwicklung und Vertrieb chemischer Spitzenprodukte oder zur Wiedergewinnung der deutschen Konkurrenzfähigkeit auf dem Weltmarkt so etwas Widerborstiges wie Bildung gebraucht werden könnte? Wenn sie in solchen Vorgängen entsteht und zum Ausdruck kommt, dann im Widerspruch, der sich nicht eliminieren läßt.

Wahrscheinlich wird das Elitebildungskonzept in der Sache schon deshalb scheitern, also die gewünschten Fähigkeiten nicht produzieren, weil eine Verfachschulung nun «flächendeckend» auf Grund- und Hauptstudium ausgedehnt werden soll. Das müssen alle absolvieren. Wer dann vom 6. bis zum 25. Lebensjahr beschult worden ist, wird sich noch schwerer als jetzt tun, in einem Aufbaustudium ohne Regeln, Vorschriften und Pläne auszukommen. Die Reformen, die auch noch unter dem Motto «Verbesserung der Lehre» durchgezogen werden sollen, dürften ein sinnvolles Studium eher behindern als fördern. Hochschuldidaktische oder gar pädagogische Überlegungen haben bei ihrer Konzeption offensichtlich keine Rolle gespielt.

Ich stelle mir demgegenüber beispielsweise solche harmlosen Fragen: Wie soll der wissenschaftlich-pädagogisch notwendige Dialog zwischen jüngeren und älteren Studierenden stattfinden, wenn sie und die Veranstaltungen radikal, fast jahrgangsklassenmäßig in Grund- und Hauptstudium getrennt werden? Ganz absurd wäre das in der Lehrerbildung, in der doch der Umgang mit der Alters- und Wissensdifferenz als pädagogische Fähigkeit sogar für den Beruf erlernt werden muß. Will die Universität wirklich Tausende studentische Lehrer dem wissenschaftlichen Nachwuchs vorenthalten?

Wie sollen unabdingbare fachübergreifende Studien gefördert werden, wenn Studierende und Lehrende in verfachschulten Studiengängen curricular bevormundet werden? Was geschieht da mit der Freiheit von Studium und Lehre? Wie sollen Erkenntnis, Interesse, Phantasie und Zusammenarbeit gefördert werden, wenn das Wahrheitskriterium und unsere Fragen der «Prüfungsrelevanz» geopfert werden, wenn die Studierenden als konkurrierende Einzelkämpfer um Zensuren zur Gleichgültigkeit gegenüber den Inhalten geradezu erzogen werden? Wem nützt diese Behinderung wissenschaftlicher Leistungen im Studium? Was für ein heimlicher Lehrplan wird hier inszeniert? Wissen seine regieführenden Administratoren wirklich, was sie tun?

Meine Fragen deuten nur eine ärgerliche Tendenz an. Mit ihr kann sich nicht abfinden, wer Besseres als das jetzt Geplante will. Für dieses Bessere wäre guter Rat gar nicht einmal so teuer.

Wahrscheinlich führt die allerneuste «Hochschulreform» nur zu einer weiteren Verdummung der Universität. Durch die Einführung neuer Selektionsschwellen läßt sich lediglich die Zahl der Anspruchsberechtigten auf Elitejobs verringern und das Heer der berechtigten Bittsteller auf dem akademischen Arbeitsmarkt genauer definieren. Das scheint auch Sinn der ganzen Reform zu sein.

Bildung wird sich auch nach diesem staatspädagogischen Furor weiterhin in den Kulissen der Institution und in unseren freigewählten, zugänglichen Mansarden ereignen. Sie lebt vom Stachel der Vernunft, von Zusammenarbeit und freundlicher Entdeckerlust. Der Stachel läßt sich nicht wegplanen, weil er in der Sache steckt, die noch zur Sprache gebracht werden muß. Bildung wird sogar in der Universität, in der gemeinsamen Tätigkeit von Menschen möglich bleiben, die den eigenartigen Mut aufbringen, sich ihres eigensinnigen Verstandes zu bedienen, die nicht resignieren und selbst dem Unibeton noch ein Leben abringen, ihn nicht weiter verhärten und öffentliche Gespräche gerade auch in der Lehre suchen.

Ich begreife Studium und Lehre als Einheit, als gemeinsam forschende Arbeit derer, die sich um Erkenntnis bemühen.

Um sie muß in jeder Generation neu gerungen werden. Nichts ist gar abzuschließen.

Forschendes Lehren und Studieren braucht die Luft der Freiheit, wie wir alle freie Luft zum Atmen. Wer glaubt, den mühsamen, schönen, anspruchsvollen Weg des Studiums durch gängelnde Schulung ersetzen oder durch kontrolleurhafte Zensur «verbessern» zu können, hat von Pädagogik keine Ahnung und Bildung wohl nur als halbe erfahren dürfen.

Erziehung: Furcht vor der Freiheit?

Der Einbruch der Erziehung und der verwalteten Inhalte in die Universität hat die dort mögliche Bildung zwischen Studierenden und Lehrenden erschwert. Lehrende Stelleninhaber, die ihre Positionen nicht nur für hoch, sondern für die einzig akzeptablen halten, glauben genau zu wissen, was Wissenschaft ist. Von Erkenntnis und Wahrheitssuche reden sie schon lange nicht mehr. Sie behaupten auch zu wissen, wozu und von wem Wissenschaft zu betreiben und wie sie zu «vermitteln» ist. Sie wollen bestimmen, was «ihre Studenten» brauchen, was sie zu lernen haben, welche Veranstaltungen, Themen und Ansichten in welcher Reihenfolge für sie richtig sind. Mit entsprechenden Prüfungsordnungen, Studienreglementierungen und Stellenbesetzungen schützen sie sich vor der Infragestellung ihrer fragwürdigen Positionen. Ihre Paten sind die Standesverbände der jeweiligen Expertenbranche. Nicht wenige verdanken ihnen die Platznahme auf einem Lehrstuhl. Das Vertrauen verpflichtet.

«Vertrauen ist nett, Kontrolle ist besser.» Unter diesem Motto wird das Studium «im wohlverstandenen Interesse» der Studierenden fürsorgerisch verwaltet und curricular verplant. Was ein universitäres Studium hätte sein können, wird auf diese Weise zu einem gängelnden Erziehungsprozeß. Was diese Sabotage gegenüber erkenntnisgeleiteten Studien mit all ihren notwendigen Risiken bedeutet, bedarf hier wohl keiner

Erläuterung mehr. Nicht selten beklagen sich die Verplaner des Studiums auch noch über die mangelnde Selbständigkeit, Eigeninitiative oder gar Phantasie Studierender, ohne zu erkennen, in welch ungeheurem Ausmaß sie selbst es sind, die diese behindern.

Schon wieder ist da diese Furcht vor der Freiheit, nicht nur der Andersdenkenden, sondern auch vor der möglichen eigenen. Könnte diese Furcht ein Grund für die Beschränktheit sein? Ich weiß es nicht, und es wäre auch sehr schwer, darüber zu sprechen. Aber ich habe den Eindruck, der wissenschaftliche Nachwuchs soll genauso werden, wie die Lehrer geworden sind. Dazu muß er wohl erzogen werden. Vielleicht haben einige der neuen Hochschulerzieher auch Angst vor der eigenen Erinnerung? So viel Rebellion, wie sie selbst vor Jahren kurzfristig gegen ihre Lehrer aufgebracht haben, möchten sie von ihren Zöglingen lieber nicht erleben. Halten sie deshalb die Zügel so eng und verstecken sich hinter Studienordnungen?

Erkenntnis und Bildung der Universität können nur gelingen, wenn die organisierte Mißtrauenserklärung durch Bevormundung und jegliche Form der Erziehung unterbleibt, wenn sich die Studierenden ihre Lehrenden selbst wählen können, wenn die unzensierte Auseinandersetzung um die Inhalte in eigenwilligen, auch künstlerischen Ausdrucksformen das Klima einer Akademie prägt.

Solange die an der Universität Beteiligten ihre Freiheit in Forschung, Lehre und Ausdruck nicht in Anspruch nehmen, also verteidigen, ist alles Klagen über eine Fremdbestimmung gegenstandslos. Diese Fremdbestimmung wird gegenwärtig durch eine Mehrheit selbst-bestimmt und selbst-verwaltet, manchmal sogar beantragt. Von dieser Mehrheit darf allerdings verlangt werden, daß sie zumindest die verfassungsmäßigen Rechte einer Minderheit respektiert, die eigene Fragen aufwirft und eigene Wege in Forschung, Studium und Lehre gehen will. Es geht dabei um nicht weniger als um die Freiheit der Bildung, Wissenschaft und Kunst.

Da ich annehme, daß wir uns auf diese sehr allgemeine Schlußformel einigen könnten – was immer ein jeder darunter verstehen mag –, mache ich noch einen versöhnlichen Vorschlag zur Hochschulreform; er wäre völlig «kostenneutral» zu verwirklichen, und er steht in unserer Verfassung gleich am Anfang: «Eine Zensur findet nicht statt.»

Verantwortung der Wissenschaft?

Selbstverständlich sind meine Sätze ein Plädoyer für eine Forschung und Lehre, die sich erkennend, reflektierend und argumentierend in die Verhältnisse einmischt, die nicht nur veröffentlicht, sondern sich selbst auch öffentlich benimmt. Ihre Verantwortung bestünde heute vor allem darin, Unverantwortbares zu kritisieren beziehungsweise zu unterlassen. Es wäre absurd, diese Aufgabe einer Fachdisziplin zuzuschreiben, die auf den Namen Ethik hört. Mit diesem Verfahren würden sich alle anderen die Absolution selbst erteilen und im Dienste des Fortschritts, nicht der Erkenntnis weitermachen.

Wissenschaft, die unvorstellbare Entwicklungen möglich gemacht hat und sie legitimatorisch begleitete, müßte zumindest heute in öffentlicher Rede die Wahrheit über die Folgen ihres Tuns herausarbeiten. Sie hätte das Unvorstellbare sich selbst in Vorstellungen rückzuübersetzen. So könnte die Maxime Geltung erlangen, die besagt, daß wir nur verantworten können, was wir uns in seinen Folgen vorstellen und was wir und unsere Nachfahren tragen können, oder noch besser: tragen wollen. Die formulierten Rechte der Menschen könnten einen Minimalkonsens darstellen. Obwohl wir ja wissen, in welchem Ausmaß gerade die Wissenschaft diese Rechte verletzt und sabotiert. Es geht also heute weniger um eine Ethik des Machens als des Unterlassens. Ob wir eine von dieser Ethik geleitete Forschung und Lehre allerdings noch Wissenschaft nennen sollten, steht in Frage. Die Wissenschaft betreibt weltweit mit Ausnahme weniger Forscher und Lehrer das genaue Gegenteil.

Dennoch wird auch in ihrem Bereich die Legitimität dieses Treibens bezweifelt. Und es gibt bedeutende Versuche, diese Zweifel mit Forschungsergebnissen zu belegen. Sie werden von einzelnen oder Gruppen vorgetragen und überschreiten die Grenzen der Spezialgebiete bei weitem. Solchen Anforderungen wäre in einem vernünftigen Zusammenwirken von Menschen – nicht Vertretern – aus den verschiedenen Wissenschaftsbereichen zu entsprechen, die sich zunächst über ihr Tun und Lassen verständigen. Ihre Disziplinen sind zum Schaden aller völlig auseinandergebrochen und doch aufeinander angewiesen wie nie zuvor. Ein selbstherrlicher Universalismus in den Naturwissenschaften, ein Machbarkeitswahn bei den Ingenieurwissenschaften und ein zweifelsvoller Kulturrelativismus in den Sozial- und Geisteswissenschaften können nur in Gesprächen und gemeinsamen Projekten verändert werden.

Gelingt es den Universitäten nicht, Ergebnisse aus Forschung und Lehre, zumindest auf der Ebene der interdisziplinären Folgenabschätzung, Ergebnisinterpretation und Kritik, zusammenzubringen sowie Folgerungen für ihre Arbeit daraus zu ziehen, werden sie ihre Bedeutung als Orte der weisen Welterklärung, also auch der Bildung, gänzlich verlieren.

An ihre Stelle treten mit unterschiedlichen Qualitäten und Interessen einerseits Bürgerbewegungen, Künstler und kleinere Forschungsinitiativen, auch innerhalb der Universitäten, und andererseits Politik und Wissenschaftstrusts. Ganz öffentlich werden die Medien das Vakuum auf ihre Weise ausfüllen, hierzulande allen voran die Boulevardzeitungen. Sie beherrschen die Interpretation der Welt, im Konkretesten des schlechten Allgemeinen, zu dem sie gehören, wie jede Universität, die dem nichts entgegenzusetzen hat als: «Weiter so!»

Zu guter Letzt: Schul-Aufgabe?

> Sein Fels ist seine Sache
> Der Stein rollt wieder.
> Wir müssen uns Sisyphos als
> einen glücklichen Menschen vorstellen.
> (*Albert Camus*)

Meine kleine Reise durch die Bildungslandschaften der Waren-Welt geht zu Ende. Vor dem weiten Horizont der Bildung hat sie sich als verkehrte Welt gezeigt, die durchschaut und verändert werden kann. In ihr wirken die modernen Dinge und Umstände als mächtige, auch zweideutige Lehrer: Sie predigen öffentlich Wein und kochen ihn heimlich mit Wasser. Sie verkünden Freiheit im Abenteuer des Konsums und lehren Abhängigkeit im Glauben an die eigene Allmacht – gerade auch dort, wo ihre Segnungen nicht hinreichen. Sie beschränken die Freiheit des Lernens und des Lehrens auf die «richtigen, sachgerechten» Interpretationen und Handlungen zur Fortschreibung des Bestehenden. Ein Heer von Ratgebern versorgt uns Dauerlehrlinge mit Rezepten zu jedem Problemchen und mit idiotensicheren Gebrauchsanweisungen zu jedem Verbrauch. Ein Ergebnis dieses pädagogischen Furors ist dies: Wir wollen alles und können nichts!

Die schöne neue Belehrungsgesellschaft frustriert ihren Nachwuchs durch die systematische Verweigerung bedeutender Gestaltungsmöglichkeiten der Realität. Statt dessen bietet sie käufliche, virtuelle Wirklichkeiten, die bis zur Simulation der Simulation gesteigert werden. In dem Maße, wie die Menschen sich diesen programmierten Scheinwelten hingeben und auf sie angewiesen sind, werden sie zu Dienern einer Maschinerie, die sie zu bedienen scheint. In diesem Sinne kann von Realitätsverlust gesprochen werden, wenn der eigene Körper mit seinen Empfindungen zur Reaktionsmaschine herabgewürdigt und der soziale Umgang mit leibhaftigen Menschen so überflüssig wird, wie diese selbst gemacht worden sind. Nur zwischen leibhaftig und geistig sich zugewandten Personen sowie im eigenmächtigen Gebrauch der Dinge und einer werkzeughaften Technik könnte Bildung, die diesen Namen verdient, geschehen.

Der Glaube, gegen die enteignende Macht der neuen Dinge erziehen zu können und ihrer entfremdenden Produktion und Konsumption gleichzeitig dienstbar zu sein, hat sich als moderner pädagogischer Bildungswahn herausgestellt. In ihm wird die gängige Vorstellung von Produktion, Tausch und Verbrauch auf die Herstellung «des Menschen» zur Verwertung als «Humankapital» übertragen. Dies geschieht bei gleichzeitiger Leugnung der destruktiven Wirkungen verdinglichter Betriebsamkeit, zu deren Aufrechterhaltung erzogen werden soll. Diese Wirkungen aber sind mächtiger als jede ideologische, moralische oder «verhaltensmodifikatorische» Schulung.

Immerhin werden die Beschädigungen, die vor allem den Kindern auch durch die Schulen angetan werden, inzwischen als bedrohlich angesehen, weil sie den ungestörten Fortgang der Geschäfte behindern könnten. Ging es bisher darum, die Menschen durch Erziehung und Schulung zu brauchbaren Staatsbürgern, Produzenten und Konsumenten zu machen, geht es jetzt auch noch um die pädagogische Begrenzung der verheerenden Schäden, die durch eben diese Produktions- und Konsumtionsweise in und zwischen den Menschen angerichtet worden sind. Insofern ist dieser moderne Bildungswahn im Sinne des Wortes Re-Aktion: Er reagiert erstens auf die Veränderungen der gesellschaftlichen Verhältnisse mit moralischen Wert-Maßstäben und will doch die Menschen den entwertenden Umständen anpassen, nicht die Umstände dem menschlichen Maß. Er richtet zweitens seine Forderungen vornehmlich an die «bewährten Erziehungsinstitutionen» Familie und Schule, ohne deren produzierte Ohnmacht gegenüber der Erziehungsmacht von warenhaften Dingen und Umständen zu erkennen oder realistisch einzuschätzen. Familie und Schule sollen den destruktiven pädagogischen Wirkungen der Erziehung durch die Umstände entgegenwirken und gleichzeitig den gesellschaftlichen und ökonomischen Status quo bewahren. Diese entgegengesetzten Aufgaben werden sie nicht erfüllen können, weil sie ein Teil des Problems sind, das sie lösen sollen.

In dem Maße, wie die bisherigen Aufgaben der Bildungsinstitutionen zunehmend in der Waren-Markt-Gesellschaft ungelöst aufgelöst werden, wird die Frage nach den zukünftigen Orten, den Wegen und den Mitteln der Bildung von ihrer Fixierung auf die Schulen entbunden. In gewisser Weise geschieht das bereits, indem den Schulen immer deutlicher therapeutisch-kompensatorische Aufgaben einer Sozialstation oder eines Erziehungslagers aufgehalst werden. Ihr «Qualifizierungsauftrag» – der vom Markt und den Betrieben übernommen wird – tritt hinter den «Erziehungsauftrag» zurück. Die Schulen haben jetzt vor allem die Familien, die Öffentlichkeit und die Politik von ihrer Pflicht und Unfähigkeit zur Sorge um den Nachwuchs zu entsorgen. Es mag sein, daß es zu dieser trostlosen Perspektive, die ich hier nicht weiter ausmalen will, gegenwärtig keine akzeptierte Alternative gibt.

Gegen den antiquierten Fortschritt bleibt einerseits nur die Weigerung derer, die nicht mitlaufen wollen, weil ihnen die Richtung mißfällt, und andererseits die Rebellion derer, die nicht mitlaufen können, weil ihnen die Fortbewegungsmittel verweigert bleiben. Dieser Aufstand der Sitzenbleiber des Fortschritts trägt dessen barbarische Züge offen zur Schau, die sonst so vornehm verhüllt sind. Die begründete Angst vor der Barbarei scheint viele ehemalige Kritiker der herrschenden Zustände in den ersehnten Konsens mit ihren Apologeten zu treiben. Das führt dazu, daß nur noch die Symptome der Krise untersucht werden, weil die Kritiker mit den Ursachen ihren Frieden geschlossen haben. Die Paralysierung der Kritik im Konsens der Privilegierten erschwert auch die Suche nach ökonomischen und kulturellen Alternativen für die Bildung in einem besseren Leben – nicht nur im falschen.

Unter dem Aspekt der Bildung erscheinen mir die Verwüstungen, die ein weltweit radikalisierter Kapitalismus zwischen den Generationen und gegenüber Kindern angerichtet hat, so gravierend wie unter ökologischen Aspekten die Zerstörungen, die sein Wachstumsfuror der Natur angetan hat. Wider die Naturzerstörung haben kritische Forscher und vor allem Bürgerbewegungen zumindest einen Stein ins Rollen gebracht. Er hat selbst multinationale Konzerne in einen gewissen Legitimationszwang und zu einigen «umweltfreundlichen» Produktionen gebracht. Im Bereich von Erziehung und Bildung hat am Ende des «Jahrhunderts des Kindes» noch keine Bürgerbewegung den Stein der Weisen bewegt. Nur der Lehrer Sisyphos rollt ihn immer noch auf einen Bildungsgipfel, von dem er jedesmal donnernd ins Tal zurückfällt.

Sowenig wie die Naturzerstörung durch Ökologiestationen, Ethikkommissionen oder einige weniger schädliche Produkte aufgehalten werden kann, so wenig kann die Zerstörung in und zwischen den Menschen durch Sozialstationen oder Moralcurricula verhindert oder gar behoben werden.

In Bildungsfragen ist ein *Umdenken* notwendig. Dieses hätte sich kritisch gegen die radikale Vermarktung, Entfremdung, Gettoisierung und Monopolisierung von Erziehung und Bildung unter der Regie von Dienstleistungs- und Marktexperten zu wenden. Positiv hätte es darauf zu bestehen, daß die Kinder und Jugendlichen eine Umgebung vorfinden, in der sie erwünscht sind, in der sie ihre vielfältigen Fähigkeiten durch Teilnahme bilden und in der sie ihre Realität begreifend gestalten können.

Wenn meine These stimmt, daß die Dinge und Umstände zu den wichtigsten und mächtigsten Lehrern geworden sind, gegen deren Lehren keine moralische Belehrung ankommen kann, dann bestünde eine Bildungsreform, die diesen Namen verdient, in dem Versuch, die Umstände freundlicher einzurichten. Es wäre dafür zu sorgen, daß auch die Lehren der Umstände menschenwürdig sein können, daß wir unsere Kinder nicht vor ihnen schützen müssen; daß sie im alltäglichen Umgang mit den Dingen, Werkzeugen, der Natur, den Menschen und ihrer Kultur etwas Gescheites lernen können; daß sie ihre Fähigkeiten bilden, indem sie teilnehmen, gerade auch an den Ereignissen, die nicht eigens für sie hergerichtet worden sind.

Viele der modernen Dinge vom Computer bis zum Telefon, vom Automobil bis zum Fahrrad, von der Datenbank bis zur Bibliothek und so weiter, könnten durchaus einer eigensinnigen Bildung dienlich sein, wenn sie als Werkzeuge zum sinnvollen Gebrauch dienen könnten und nicht als Waren zum sinnlosen Verbrauch, zum Bereichern und Herrschen mißbraucht würden.

Mehr als diese alte Weisheit habe ich dem modernen Bildungswahn, der die Menschen ändern will, um die unmenschlichen Zustände vor ihnen zu schützen, nicht entgegenzusetzen. Ich habe auch keinen Plan vorzuweisen, dessen Umsetzung das Tor ins pädagogische Paradies eröffnen könnte. Ich glaube nicht einmal, daß so ein Plan erfunden werden sollte. Das notwendige Umdenken geschieht in der Kritik des pädagogischen Angriffs der verdinglichten Umstände und Belehrungen auf die besseren Möglichkeiten der Bildung. Praktisch geschieht es in den vielfältigen Versuchen, ein anregungsreiches, vertrauensvolles Aufwachsen der Kinder dort zu ermöglichen, wo sie leben. Ob aus dieser Praxis eine pädagogische Bewegung entstehen kann, die das Aufwachsen der Kinder in einer gefährdeten Gesellschaft so ernst nimmt wie die Ökologiebewegung das Aufwachsen der Pflanzen in einer gefährdeten Natur, bleibt – so problematisch der Vergleich auch ist – zu wünschen übrig. Die gegenwärtige Krise, auch die der Bildung, wird nicht dadurch gelöst, daß man die Menschen den unmenschlichen Bedingungen effektiver anpaßt.

Soweit ich weiß, lernen alle Menschen dann am besten, wenn sie tun, was sie gerne tun, was sie wichtig und sinnvoll finden. Insbesondere Kinder sind neugierig auf die Welt, die sie erfahren und kennenlernen wollen. Wenn sie nicht durch pädagogische Bevormundung abgestumpft, in ihrem Verhalten gestört oder in ihrem Lernen behindert worden sind, haben sie eigene Fragen, suchen ihre Antworten und wollen lernen. Man darf ihnen nur die Mittel, die Werkzeuge ihrer Bildung, nicht vorenthalten und deren Wege durch gängelnde Lehrgänge und verdummende Bescheidwisserei versperren.

Bildung ist also «machbar» von denen, die sich bilden. Dabei können sie unterstützt oder behindert werden. Die beste Unterstützung wäre, wie gesagt, ein gutes Leben, in welchem vielfältige Tätigkeiten erwünscht, Teilnahmemöglichkeiten gegeben sowie die erforderlichen Werkzeuge und Mittel allen zugänglich sind.

Solange uns das überflüssigerweise vorenthalten bleibt, geschieht Bildung auch im Streit für dieses bessere Leben und kann an jedem Ort – *auch in den Schulen* – versucht werden. Es ist nicht egal, was die Leute dort machen, obwohl vieles davon den Wirkungen des heimlichen Lehrplans zum Opfer fällt. Immerhin verbringen die Kinder und Jugendlichen, aber auch ihre Lehrer, wichtige Stunden und Jahre an diesen Orten. Die sind ihnen zeitlebens geschuldet, wenn sie nur der Zensur oder einer angeblichen Zukunft geopfert werden.

Leute, die behaupten, daß man in den Schulen für das Leben lerne und auf es nur vorbereitet werde, geben nebenbei zu, daß ein Leben in ihnen noch nicht so richtig stattfindet. Eine härtere Schulkritik ist kaum zu formulieren. Das gilt selbstverständlich auch für die hohen Schulen. Wenn ich hier kaum zwischen Hoch- und Tiefschulen unterscheide, dann liegt das hinsichtlich der Bildung daran, daß beide Etagen dem gleichen heimlichen Lehrplan unterworfen sind, seit auch die Hochschulen auf das Niveau von Flachschulen heruntergeplant und verzweckt worden sind. Wo Bildung dennoch stattfindet, ist sie dem Widerspruch zu verdanken, der aus ihren Inhalten nicht getilgt werden kann. Sie ist auch jenen Lehrerinnen und Lehrern zu danken, die nicht nur als Advokaten des Bestehenden funktionieren, sondern die Freiheit, Eigenart und Selbstzuständigkeit der Lernenden respektieren.

Da ich auch an einem solchen «Vorbereitungsort» tätig

bin, versuche ich, mit den Studierenden an Aufgaben und Fragen zu arbeiten, die ihnen und mir gegenwärtig wichtig sind. Die Fähigkeiten, die wir dabei erwerben, dürften jetzt und in Zukunft wichtiger sein als die Resultate eines verschulten Schein-Studiums. Ob wir zu diesem Zweck eine reisende Hochschule, eine Pädagogik-Kooperative, eine Zeitung, einen Verlag, ein Atelier, ein Theater der Versammlung, eine Sommer- oder Mansarden-Universität betreiben, ist zweitrangig. Erstrangig ist, daß wir die Fragen und Themen unserer eigenen Bildung selbst formulieren und die Wege finden, auf denen sie gemeinsam geschieht.

Eigensinnige Bildung ist möglich im phantasievollen, auch schwejkschen Umgang mit den bürokratischen Zwängen und den hochtrabenden pädagogischen Ansprüchen der Institutionen. Pädagogische Phantasie kann helfen, die notwendigen «Freiräume» zu entwerfen, um sie vom entfremdenden Treiben kleinkarierter Bevormundung zu entsetzen. Die Öffnung der Schule in ihre Umgebung wird an einigen Orten schon probiert. Wo aber die Stadtkultur so sehr verkommen ist, wie beispielsweise in den Trabantenstädten, kann auch die «Offene Schule» zu einem langweiligen Programm werden – wenn es nicht gelingt, den Kindern das Wort zu geben, diese beschädigte Öffentlichkeit kulturell anzureichern und gerade in einem solchen Bezirk die Schule zu einer Art «Polis» zu machen (H. v. Hentig), die der urbanen Steppe eine bessere Möglichkeit und Praxis zufügt oder entgegenstellt.

Eigene Initiativen, die den Ort unserer Handlungen beleben und nicht nur als einmalige Projekte Furore machen, sind sinnvoll und machbar. Da hat die alte und neue Reformpädagogik trotz ihrer beschränkten Theorien einiges Kunstvolles zu bieten. Viele brauchbare Ideen und ausprobierte Beispiele sind längst publiziert und kritisiert. Sie zeigen, was im Rahmen der Schulen möglich ist und schon über ihn hinausweisen kann.

Wer in der heutigen Schulpraxis etwas verbessern will, muß keiner der reformpädagogischen Glaubensrichtungen beitreten, die genau zu wissen meinen, was eine gute Schule ist. Aber er kann selbst von dort noch nützliche Anregungen bekommen, die weiter-, neu- oder umgedacht werden können. Was dann praktisch getan werden kann, ist vor Ort, im Rahmen der konkreten «historischen Möglichkeiten» (P. Freire), von den Beteiligten zu entscheiden, keinesfalls aber – von wem auch immer – zu verordnen.

Was nun die Zukunft der Schule betrifft, so denke ich, daß sie unter dem Aspekt der Bildung nur noch der Rede wert sein wird, wenn diese Institution sehr gründlich in Frage gestellt sowie in ihren Aufgaben, Arbeitsweisen und Wirkungen «entschult» und ohne ihre antiquierten, lernbehindernden Prinzipien neu gestaltet werden kann. Wie eine wünschenswerte Alternative zu den bestehenden und drohenden Belehrungsmodellen aussehen könnte, ist nicht mehr Thema dieses Buches. Sie kann auch nicht allein, in Einsamkeit und Freiheit ausgetüftelt werden. Doch gibt es in der Geschichte anregende – oft unterbrochene – Bildungswege, die in einer neuen pädagogischen Landkarte eingezeichnet wären. Und es gibt seit fünfundzwanzig Jahren bedeutende Ansätze für eine neue Bildungsdiskussion, die über die Restauration der alten Schule und ihrer Mythen auf Bildungsgipfeln hinausreicht (Freire, Illich, Heydorn, Bourdieu, v. Hentig, Holt, de Bois-Reymond usw.). Vor allem aber ist die Krise der Bildung und «ihrer» Institutionen nicht mehr nur ein Hobbythema pädagogischer Nörgler, sondern eine Frage, auf die immer mehr Menschen bessere Antworten suchen und finden, als die heutige Schule sie bieten kann.

Aus meiner Sicht wären Orte und Wege der Bildung zu erfinden, die sowohl Alternativen zur weiteren Vermarktung der Bildung als Ware bieten (siehe Kap. «Bildung in eigener Hand») als auch zur Restauration der hinfälligen Staatsmonopolschulen oder Privatschulen. Ich stelle mir anregungsreiche Orte vor, an denen die Mittel der Bildung allen zur Verfügung stehen, die sie nutzen wollen; an denen gemeinsame Werke entstehen können, die für die Beteiligten sinnvoller sind als Zensuren; an denen schnell und sicher das notwendige Handwerkszeug erworben werden kann; an denen kompetente Frauen und Männer mit den Kindern und Jugendlichen an der Lösung ihrer Fragen arbeiten, anstatt ihnen ständig die Schule und den Stoff zum Problem zu machen.

Das wären Orte, deren Bewohner auf vielfältige Weise in der Öffentlichkeit wirkten, statt diese von ihrem Nachwuchs zu «entsorgen». Vor allem aber hätten es Orte zu sein, an denen unsere Kinder erwünscht wären, an denen ihnen Vertrauen und nicht Mißtrauen entgegengebracht würde, an denen sie spielend lernen, also leben könnten, ohne ihre Lebenszeit irgendwelchen fremden Zwecken opfern zu müssen.

Scholé bedeutete in der Antike «Ort der Muße», wo man auch lernen konnte, etwas Zweckmäßiges nicht zu tun. Wer wollte, könnte eingeladen sein.

Die Lasterschule

> In Erwägung, sagen wir,
> aller dieser Umstände, sind wir gesonnen,
> ... eine Schule durch Laster zu errichten.
>
> *(Heinrich von Kleist)*

In Erwägung nun,
- daß der Ruf nach einem besseren Kinderleben so unerhört bleiben wird,
- daß moderne Leute einen pädagogischen Plan sowieso nur brauchbar finden können, wenn er mit Naturgesetzen begründet wird,
- daß in Harmonie mit diesem treuherzigen Aberglauben die alte Dampfschule bestenfalls neu ausgepinselt werden darf
- und daß namentlich die Deutschen sich so gern auf die Autorität ihrer Dichter und Denker berufen, deren Werke sie in jeder Pause lesen;

in Erwägung all dieser Umstände bin ich zu demfolgenden Schluß gekommen: Er besteht in dem «Allerneuesten Erziehungsplan», der – so unbekannt er auch weiterhin bleiben mag – von jedweder Lehrperson mit etwas pädagogischem Instinkt befolgt werden kann. Man kann sogar sagen, daß er schon, ohne im einzelnen bekannt zu sein, in unseren Schulen eine vielfältige Erfüllung gefunden hat. Dieser Tatsache verdanken wir auch in unserem Jahrhundert große Dichter- und Denkerpersönlichkeiten, wie deren Schulgeschichten beweisen. Denken wir nur an B. Shaw, Th. und H. Mann, R. Musil oder B. Brecht.

Im übrigen ist die Einführung dieses Erziehungsplanes völlig umsonst. Er ist uns durch *Heinrich von Kleist* im Jahre 1810 in den «Berliner Abendblättern» geschenkt worden. Erstmals wurde der Plan bei Hempel (Berlin) in die Vermischten Schriften einer Gesamtausgabe im Band 5 auf den Seiten 110 bis 116 aufgenommen. Daraus wird hier – um einige Beispiele am Anfang gekürzt – zitiert:

Allerneuester Erziehungsplan.

Hochgeehrtes Publikum,

Die Experimental-Physik, in dem Kapitel von den Eigenschaften elektrischer Körper, lehrt, daß wenn man in die Nähe dieser Körper oder, um kunstgerecht zu reden, in ihre Atmosphäre einen unelektrischen (neutralen) Körper bringt, dieser plötzlich gleichfalls elektrisch wird, und zwar die entgegengesetzte Elektrizität annimmt. Es ist, als ob die Natur einen Abscheu hätte gegen Alles, was durch eine Verbindung von Umständen einen überwiegenden und unförmlichen Werth angenommen hat, und zwischen je zwei Körpern, die sich berühren, scheint ein Bestreben angeordnet zu sein, das ursprüngliche Gleichgewicht, das zwischen ihnen aufgehoben ist, wiederherzustellen. Wenn der elektrische Körper positiv ist, so flieht aus dem unelektrischen Alles, was an natürlicher Elektrizität darin vorhanden ist, in den äußersten und entferntesten Raum desselben und bildet in den jenem zunächst liegenden Theilen eine Art von Vakuum, das sich geneigt zeigt, den Elektrizitäts-Ueberschuß, woran jener, auf gewisse Weise, krank ist, in sich aufzunehmen; und ist der elektrische Körper negativ, so häuft sich in dem unelektrischen, und zwar in den Theilen, die dem elektrischen zunächst liegen, die natürliche Elektrizität schlagfertig an, nur auf den Augenblick harrend, den Elektrizitäts-Mangel umgekehrt, woran jener krank ist, damit zu ersetzen. Bringt man den unelektrischen Körper in den Schlagraum des elektrischen, so fällt, es sei nun von diesem zu jenem oder von jenem zu diesem, der Funken; das Gleichgewicht ist hergestellt, und beide Körper sind einander an Elektrizität völlig gleich.

Dieses höchst merkwürdige Gesetz findet sich auf eine, unseres Wissens noch wenig beachtete Weise auch in der moralischen Welt, dergestalt daß ein Mensch, dessen Zustand indifferent ist, nicht nur augenblicklich aufhört, es zu sein, sobald er mit einem Anderen, dessen Eigenschaften, gleichviel auf welche Weise, bestimmt sind, in Berührung tritt; sein Wesen wird sogar, um mich so auszudrücken, gänzlich in den entgegengesetzten Pol hinübergespielt; er nimmt die Bedingung + an, wenn jener von der Bedingung –, und die Bedingung –, wenn jener von der Bedingung + ist.

Einige Beispiele, hochverehrtes Publikum, werden dies deutlicher machen.

Das gemeine Gesetz des Widerspruchs ist Jedermann aus eigner Erfahrung bekannt; das Gesetz, das uns geneigt macht, uns mit unserer Meinung immer auf die entgegengesetzte Seite hinüberzuwerfen. Jemand sagt mir, ein Mensch, der am Fenster vorübergeht, sei so dick wie eine Tonne. Die Wahrheit zu sagen: er ist von gewöhnlicher Korpulenz. Ich aber, da ich ans Fenster komme, ich berichtige diesen Irrthum nicht blos; ich rufe Gott zum Zeugen an, der Kerl sei so dünn als ein Stecken.

(…)

Aber das Gesetz, von dem wir sprechen, gilt nicht blos von Meinungen und Begehrungen, sondern auf weit allgemeinere Weise auch von Gefühlen, Affekten, Eigenschaften und Charakteren.

(…)

Wer dies Gesetz recht begreift, dem wird die Erscheinung gar nicht mehr fremd sein, die den Philosophen so viel zu schaffen giebt, die Erscheinung, daß große Männer in der Regel immer von unbedeutenden und obskuren Eltern abstammen und ebenso wieder Kinder groß ziehen, die in jeder Rücksicht untergeordnet und geringartig sind. Und in der That, man kann das Experiment, wie die moralische Atmosphäre in dieser Hinsicht wirkt, alle Tage anstellen. Man bringe nur einmal Alles, was in einer Stadt an Philosophen, Schöngeistern, Dichtern und Künstlern vorhanden ist, in einen Saal zusammen, so werden Einige aus ihrer Mitte auf der Stelle dumm werden; wobei wir uns, mit völliger Sicherheit, auf die Erfahrung eines Jeden berufen, der solchem Thee oder Punsch einmal beigewohnt hat.

Wie vielen Einschränkungen ist der Satz unterworfen: daß schlechte Gesellschaften gute Sitten verderben; da doch schon Männer wie Basedow und Campe, die doch sonst in ihrem Erziehungs-Handwerk wenig gegensätzisch verfuhren, angerathen haben, jungen Leuten zuweilen den Anblick böser Beispiele zu verschaffen, um sie von dem Laster abzuschrecken. Und wahrlich, wenn man die gute Gesellschaft mit der schlechten in Hinsicht auf das Vermögen, die Sitte zu entwickeln, vergleicht, so weiß man nicht, für welche man sich entscheiden soll, da in der guten die Sitte nur nachgeahmt werden kann, in der schlechten hingegen durch eine eigenthümliche Kraft des Herzens erfunden werden muß. Ein Taugenichts mag in tausend Fällen ein junges Gemüth durch sein Beispiel verführen, sich auf Seiten des Lasters hinüberzustellen; tausend andere Fälle aber giebt es, wo es in natürlicher Reaktion das Polar-Verhältniß gegen dasselbe annimmt und dem Laster, zum Kampf gerüstet, gegenübertritt. Ja, wenn man auf irgend einem Platze der Welt, etwa einer wüsten Insel, Alles, was die Erde an Bösewichtern hat, zusammenbrächte, so würde sich nur ein Thor darüber wundern können, wenn er in kurzer Zeit alle, auch die erhabensten und göttlichsten Tugenden unter ihnen anträfe.

(…)

Daher kann die Welt mit Recht auf die Entwickelung der Verbrecher-Kolonie in Botany-Bay aufmerksam sein. Was aus solchem, dem Boden eines Staats abgeschlämmten Gesindel werden kann, liegt bereits in den nordamerikanischen Freistaaten vor Augen; und um uns auf den Gipfel unserer metaphysischen Ansicht zu schwingen, erinnern wir den Leser blos an den Ursprung, die Geschichte, an die Entwickelung und Größe Rom's.

In Erwägung nun *

1) daß alle Sittenschulen bisher nur auf den Nachahmungstrieb gegründet waren und, statt das gute Prinzip auf eigenthümliche Weise im Herzen zu entwickeln, nur durch Aufstellung sogenannter guter Beispiele zu wirken suchten;**
2) daß diese Schulen, wie die Erfahrung lehrt, nichts eben für den Fortschritt der Menschheit Bedeutendes und Erkleckliches hervorgebracht haben;***

das Gute aber 3), das sie bewirkt haben, allein von dem Umstand herzurühren scheint, daß sie schlecht waren und hin und wieder, gegen die Verabredung, einige schlechten Beispiele mit unterliefen;

in Erwägung, sagen wir, aller dieser Umstände, sind wir gesonnen, eine sogenannte Lasterschule, oder vielmehr eine gegensätzische Schule, eine Schule durch Laster zu errichten.****

Demnach werden für alle einander entgegenstehende Laster Lehrer angestellt werden, die in bestimmten Stunden des Tages, nach der Reihe, auf planmäßige Art darin Unterricht ertheilen; in der Religionsspötterei sowol als in der Bigotterie, im Trotz sowol als in der Wegwerfung und Kriecherei, und im Geiz und in der Furchtsamkeit sowol als in der Tollkühnheit und in der Verschwendung.

Diese Lehrer werden nicht blos durch Ermahnungen, sondern durch Beispiele, durch lebendige Handlung, durch unmittelbaren praktischen, geselligen Umgang und Verkehr zu wirken suchen.

Für Eigennutz, Plattheit, Geringschätzung alles Großen und Erhabenen und manche anderen Untugenden, die man in Gesellschaften und auf der Straße lernen kann, wird es nicht nöthig sein, Lehrer anzustellen.

* Jetzt rückt dieser merkwürdige Pädagog mit seinem neuesten Erziehungsplan heraus. (Die Redaktion.)

** So! – Als ob die pädagogischen Institute nicht, nach ihrer natürlichen Anlage, schwache Seiten genug darböten. (Die Redaktion.)

*** In der That! – Dieser Philosoph könnte das Jahrhundert um seinen ganzen Ruhm bringen. (Die Redaktion.)

**** Risum teneatis, amici! (Die Redaktion.)

In der Unreinlichkeit und Unordnung, in der Zank- und Streitsucht und Verleumdung wird meine Frau Unterricht ertheilen.

Lüderlichkeit, Spiel, Trunk, Faulheit und Völlerei behalte ich mir bevor.

Der Preis ist der sehr mäßige von 300 Rthl.

N. S.

Eltern, die uns ihre Kinder nicht anvertrauen wollten, aus Furcht, sie in solcher Anstalt auf unvermeidliche Weise verderben zu sehen, würden dadurch an den Tag legen, daß sie ganz übertriebene Begriffe von der Macht der Erziehung haben. Die Welt, die ganze Masse von Objekten, die auf die Sinne wirken, hält und regiert an tausend und wieder tausend Fäden das junge, die Erde begrüßende Kind. Von diesen Fäden, ihm um die Seele gelegt, ist allerdings die Erziehung einer, und sogar der wichtigste und stärkste; verglichen aber mit der ganzen Totalität, mit der ganzen Zusammenfassung der übrigen, verhält er sich wie ein Zwirnsfaden zu einem Ankertau, eher drüber als drunter.

Und in der That, wie mißlich würde es mit der Sittlichkeit aussehen, wenn sie kein tieferes Fundament hätte als das sogenannte gute Beispiel eines Vaters oder einer Mutter und die platten Ermahnunen eines Hofmeisters oder einer französischen Mamsell! – Aber das Kind ist kein Wachs, das sich in eines Menschen Händen zu einer beliebigen Gestalt kneten läßt; es lebt, es ist frei, es trägt ein unabhängiges und eigenthümliches Vermögen der Entwickelung und das Muster aller innerlichen Gestaltung in sich.

Ja, gesetzt, eine Mutter nähme sich vor, ein Kind, das sie an ihrer Brust trägt, von Grund aus zu verderben, so würde sich ihr auf der Welt dazu kein unfehlbares Mittel darbieten, und, wenn das Kind nur sonst von gewöhnlichen, rechtschaffenen Anlagen ist, das Unternehmen vielleicht auf die sonderbarste und überraschendste Art daran scheitern.

Was sollte auch in der That aus der Welt werden, wenn den Eltern ein unfehlbares Vermögen beiwohnte, ihre Kinder nach Grundsätzen, zu welchen sie die Muster sind, zu erziehen, da die Menschheit, wie bekannt, fortschreiten soll, und es mithin, selbst dann, wenn an ihnen nichts auszusetzen wäre, nicht genug ist, daß die Kinder werden wie sie, sondern besser?

Wenn demnach die uralte Erziehung, die uns die Väter in ihrer Einfalt überliefert haben, an den Nagel gehängt werden soll, so ist kein Grund, warum unser Institut nicht mit allen andern, die die pädagogische Erfindung in unsern Tagen auf die Bahn gebracht hat, in die Schranken treten soll. In unsrer Schule wird, wie in diesen, gegen je Einen, der darin zu Grunde geht, sich ein Andrer finden, in dem sich Tugend und Sittlichkeit auf gar robuste und tüchtige Art entwickelt; es wird Alles in der Welt bleiben, wie es ist, und was die Erfahrung von Pestalozzi und Zeller und allen andern Virtuosen der neuesten Erziehungskunst und ihren Anstalten sagt, das wird sie auch von uns und der unsrigen sagen: «Hilft es nichts, so schadet es nichts.»

Rechtenfleck im Holsteinischen, den 15. Okt. 1810.

C. J. Levanus, Konrektor.

Anmerkung statt Literatur

Der Text geht nun auf seine Reise, und ich muß mich von ihm verabschieden.

Die meisten Gedanken habe ich mir selbst gemacht, und die gebildete Leserschaft wird sofort erkennen, wo ich sie herhabe. Einige Autoren und Lehrer, die mir auf die Sprünge halfen und wohlgesonnen sein dürften, habe ich zwischen den Zeilen genannt. Andere wollte ich für meine Gedanken nicht zuständig machen; wieder andere durch eine Kritik nicht würdigen.

Unter den Schlagworten «Bildungswahn und Pädagogischer Furor» im Bibliothekskatalog nachzuschlagen war nicht sonderlich ergiebig. Was meine beiden Begriffe geprägt haben könnte, versuchte ich deshalb in getrennten Orten oder Ereignissen herauszufinden und mitzuteilen. Diese einfache Methode erlaubte mir, die entsprechenden Kapitel so unabhängig voneinander zu schreiben, wie sie gelesen werden können.

Um Nachsicht bitte ich die Leserinnen und Leser, die sich gerne in einem Wort wie «LeserInnen» oder «Leser/innen» vereinigt sehen. Da ich Wörter bevorzuge, die ich mir wenigstens selbst vorlesen kann und auch ihre sexuelle Neutralisierung in einer «Leserschaft» (s. o.) langweilig finde, wogegen die ständigen Ausschreibungen von «-er und -innen» das Buch nur verteuert hätten, habe ich mich zur völligen Inkonsequenz entschlossen. Möge einst die Sprache, ihren Schreibern sowieso voraus, eine hörbare Antwort erfinden.

Der Vorschlag, meine Ansichten über Bildung aufzuschreiben, kam von Freunden, Studenten und Zuhörern. Wahrscheinlich hatten sie es nur satt, solche Gedanken in Variationen immer wieder zu hören. Trotzdem beschenkten sie mich reichlich mit Anregungen, Kritik und indem sie den Schreiber eine Weile in Ruhe ließen. Ihnen danke ich fast so herzlich wie meinen Nächsten und Liebsten, die mich unterstützt und ausgehalten haben.

Dem Mitherausgeber der Essays Rüdiger Dammann, der zugleich «mein Lektor» ist, danke ich für seine phantasievollen Vorschläge und kompetenten Streichungen in unserer schönen Zusammenarbeit. In diesen Dank schließe ich das ganze Aktuell-Team ein, als dessen Gast ich mich sehr wohl fühle. Gerne würde ich mich auch bei den Menschen bedanken, die Satz, Herstellung, Druck und Vertrieb besorgen, die mir leider unbekannt bleiben werden.

Am ersten Sonntag im Juli 1994, wenn «Der Bildungswahn» tatsächlich in einer Buchhandlung aufgetaucht sein sollte, wird das «Katerfrühstück des Autors» zelebriert. Heide Wellerhoff – meine Frau und erste Kritikerin, die hier nicht schon wieder bedankt sein will – wird einen Zettel neben ihre Blumen auf den Tisch legen. Ich hoffe, darauf steht dann in großen Buchstaben der berümte Kurzessay des polnischen Denkers Wiesław Brudziński:

Ein Buch gefällt uns am besten, wenn es
nicht klüger ist als wir selbst.
Finden wir dann in den Formulierungen
des Autors unsere eigenen Beobachtungen wieder,
dann denken wir:
«Was für ein kluger Mensch!»

Über den Autor

Johannes Beck, Dr. phil., arbeitet als Professor für Allgemeine Pädagogik an der Universität Bremen im Institut für Kulturforschung und Bildung.

Und jetzt noch einmal von vorne:

Johannes Beck wurde 1938 in Breslau – dem heutigen Wroclaw – geboren. Kurz darauf führten ihn die Fluchtwege seiner Eltern über Dresden in den Hotzenwald am Oberrhein – seine halbwegs friedliche Kriegskinderheimat mit Alpenblick und alemannischer Sprachlehre.

1952, in Nürnberg, begann sein zweiter Bildungsweg in den Geheimgängen unter der Burg, auf den geistigen Höhenwegen der Waldorfschule, in jugendbewegten Gruppen und an der Hobelbank, die er 1957 als Geselle verließ. In den folgenden Wanderjahren zog er meist zu Fuß, aber auch mit Fahr- und Motorrad, trampend oder mit Esel, manchmal für Geld hobelnd durch Europa und den Vorderen Orient. Zwischendurch saß er in einer «Schule der Nation» fest, deren Lehrer keine Mühe scheuten, seine Abneigung gegen Kriegsdienst, Hierarchie und Uniform zu kultivieren.

In der kleinen Pädagogischen Hochschule zu Jugenheim a. d. Bergstraße fand er gastliche Aufnahme, die Freiheit zu studieren und im existentialistischen Weltschmerz auch Trost – so hieß der sorgende Rektor, der seinem Studenten drei Mark gab, damit er sich Kirschen kaufen konnte, nachdem er auf dem entsprechenden Baum erwischt und dann vorgeführt worden war. Beck studierte Geographie (bei Werdecker, TU-Darmstadt), was ihm zwei lange Reisen nach Anatolien mit Examensarbeit einbrachte. Dazwischen hobelte er wieder und verkaufte seine Reiseberichte zum Unterhalt. Soziologie war für ihn eine Entdeckung, zuerst bei L. Neundörfer, dann bei K. Kippert, der ihn förderte und den er später verließ, nachdem er in der «Frankfurter Schule» Philosophie und die soziale Rolle rückwärts studieren konnte. Sein wichtigster Lehrer seit der Jugenheimer Zeit war Heinz-Joachim Heydorn. Von dessen bildungstheoretischem Hauskolloquium über Gott und die Welt schwärmen die «Heydornschüler» heute noch.

Von 1963 bis 67 war ein Schulhaus im Spessart, in welchem er mit Familie und Schülern lebte, seine reformpädagogische Lehrwerkstatt. Lernorte und Schüler-Lehrer gab es im ganzen Dorf. Elternabend war am Sonntagmorgen in der «Linde». Zum erstenmal in seinem Leben war Beck auch telefonisch erreichbar. Nebenbei studierte er in Würzburg weiter Pädagogik (bei A. Reble), brachte eine zweite Lehrerprüfung hinter sich, leitete Seminare für «Junglehrer» und schimpfte auf die verwaltete Schule.

An den Bewegungen der Studenten beteiligte er sich ab 1967 als Assistent (Soziologie der Erziehung bei Kippert, Vogel, Jouhy) sowie als Student bei Adorno und wieder Heydorn an der Frankfurter Universität, doch auch in Darmstadt bei H.-J. Gamm, vor allem aber mit aufmüpfigen Kollegen und Kommilitonen.

Seine Schulkritik wurde zur Gesellschaftskritik und umgekehrt. (Erziehung in der Klassengesellschaft, List 1970; Schulreform oder der sog. Fortschritt, Fischer 1970; Pädagogik als Ideologie, Herder 1970 usw.). Hoffnungen auf einen libertären Sozialismus bestimmten seine weiteren Arbeiten. Vom real autoritären Staatssozialismus nebenan war Beck kuriert, nachdem man ihn Jahre zuvor mit Freunden – nach einer vorsichtigen Kritik der Zensur – bei Eisenach des Staates verwiesen hatte. Immerhin lernte er bei dieser Gelegenheit Heiner Boehncke kennen. Mit ihm und anderen begründete er 1969 die Zeitschrift «Ästhetik und Kommunikation», die es heute noch gibt, die einigen Fachbereichen an Reformhochschulen den Namen gab und an deren Outfit die intellektuellen Moden abzulesen sind.

Mit Heiner Boehncke (Germanistik), Gerhard Vinnai (Psychoanalyse) und Wolfgang Müller als Lektor gab er ab 1972 die Reihe «politische erziehung» (später «Kulturen und Ideen») im Rowohlt Taschenbuchverlag heraus. Deren rund hundert Bände zeigen Brüche und Wandel einer antiautoritären oder linken Pädagogik bis 1986. Bei Beck selbst ist dieser Wandel vom «Lernen in der Klassenschule» (1974) über die sieben «Jahrbücher für Lehrer» (1976–82) und die resümierenden «Irrfahrten» durch die pädagogischen Provinzen (1982) nachlesbar.

«Das Recht auf Ungezogenheit» (1983), gemeinsam mit Heinrich

Dauber, Marianne Gronemeyer, Christian Marzahn, Wolfgang Sachs und Herbert Stubenrauch für den Lehrer und Freund Ivan Illich geschrieben, sowie «SinnesWandel – Die Sinne und die Dinge im Unterricht» (Scriptor 1989) mit Heide Wellershoff – seiner Frau – verfaßt, deuten schon an, worauf es im «Bildungswahn» hinauslaufen sollte.

Beck wurde 1971 in das erste Semester der Bremer Universität berufen. Mit Studenten und Lehrern arbeitete er in Projekten und in Verbindung mit der GEW an der Reform der Lehrerbildung. Deren Scheitern begriff er erst 1973. Die Hinwendung zum «historisch Möglichen» (P. Freire) führte zu sozialen Erfindungen, an deren Zustandekommen er sich praktisch und publizistisch beteiligte. Das waren z. B. eine Pädagogik Kooperative (Freinetlehrer), eine Reisende Hochschule mit Studierenden der Universität, eine Ausbildungskooperative für Jugendliche, eine kleine Sommeruniversität am Lago Maggiore, aber auch Bürgerinitiativen wie die zum «Ausbruch aus dem Irrenhaus» am 11. 11. 1981.

Gegenwärtig sucht er in Forschung und Lehre noch immer nach einer «Bildung in den Brüchen der Lebenszusammenhänge». Aber mit einem Pädagogischen Atelier und einem Theater der Versammlung erprobt er erfreulichere Zusammenstöße zwischen Wissenschaft und Kunst – sogar in der Universität.